Alexander Demandt
Sokrates antwortet

Alexander Demandt

Sokrates antwortet

555 Sprüche aus dem Schatz antiker Lebenskunst

Albatros

Bibliographische Information der Deutschen Bibliothek

Die Deutsche Bibliothek verzeichnet diese Publikation
in der Deutschen Nationalbibliographie;
detaillierte bibliographische Daten sind im Internet
über http://dnb.ddb.de abrufbar.

Umschlaggestaltung:
butenschoendesign, Lüneburg
Umschlagmotiv: Jacques-Louis David,
Der Tod des Sokrates, 1787
Printed in Germany
ISBN 3-491-96139-4
www.patmos.de

Inhalt

Vorwort 7

Geld und Gut 11
Bildung und Erziehung 23
Mensch und Mitmensch 35
Freund und Feind 45
Staat und Politik 51
Alter und Tod 65
Götter und Schicksal 73
Frauen und Schönheit 79
Glück und Unglück 87
Superlative und Rekorde 91
Spott und Hohn 97
Lehren und Ratschläge 111
Wort und Rede 125
Völker und Sitten 143

Namenverzeichnis 149
Konkordanz 161

Meiner Schwester Holle

Vorwort

1887/9 veröffentlichte Leo Sternbach in den *Wiener Studien* (Nr. 9 bis 11) eine von ihm in Rom entdeckte griechische Spruchsammlung unter dem Titel «Gnomologium Vaticanum». Sie steht im *Codex Vaticanus Graecus 743*, geschrieben im 14. Jh., und enthält 577 Aussprüche, zumeist von bekannten Staatsmännern und Philosophen der Antike. 1963 hatte Otto Luschnat die Sammlung in der Reihe «Texte und Kommentare II» (hg. von O. Gigon u. a.) nochmals unverändert publiziert und um ein Vorwort bereichert. Sie ist bisher nur Griechischkundigen zugänglich.

Spruchsammlungen waren eine in der Antike beliebte Literaturgattung. Dem griechischen Wort *gnómé* (bisweilen auch *apophthegma, aphorismos, hypothéké* oder *chryson epos* – «goldenes Wort») entspricht das lateinische *sententia.* Gnomen sind teils in Versen, teils in Prosa abgefaßt, oder wie die unseren in Frage-

und-Antwort-Form, und spielten in der Rhetorik eine Rolle. Sie dienten dem Schmuck der Rede, wollten erheitern oder besinnlich stimmen.
Es gibt Sammlungen aus den Werken einzelner Autoren, etwa des Publilius Syrus, oder aus den Schriften verschiedener Verfasser, etwa der Sieben Weisen, beide erschienen in der «Sammlung Tusculum». Die überlieferten Gnomologien berücksichtigen fast nur Autoren der Zeit vor Cicero, so daß der Gesamtbestand im Späthellenismus abgeschlossen scheint.
Unsere Sprüche wollen keinen Beitrag zur Philosophiegeschichte leisten. Authentizität können die wenigsten von ihnen beanspruchen. Das zeigen schon die Wanderanekdoten. Die meisten Sprüche aber sind im Geiste des angeblichen Urhebers ausgedacht oder ihm zugewiesen. Man hat sie aufgenommen und weitergegeben, so als wären sie von Diogenes oder Sokrates. Insofern sind sie Zeugnisse der Rezeptionsgeschichte. Eine wissenschaftliche Einführung in die Gattung bietet W. Spoerri im «Kleinen Pauly» (II, 1962) unter dem Stichwort «Gnome». Mehrere Sentenzen unserer Sammlung finden sich bei arabischen Autoren des

Mittelalters: vgl. Franz Rosenthal, Das Fortleben der Antike im Islam, 1965, S. 173 ff.
Die Sprüche sind im Original alphabetisch nach Sprechern angeordnet. Dabei sind die wenigen ohne Autor überlieferten Aphorismen eingereiht: auf Oinopides folgen Poimen, ein anonymer Hirt, und Pavon, ein redender Pfau. Die hier gebotene thematische Gliederung soll das Lesen erleichtern. Sie macht einige Dubletten erkennbar, die bewußt stehengeblieben sind, um die Vollständigkeit der Sammlung zu erhalten. Die a-Nummern betreffen Sprüche, die Sternheim als Parallelen anführt. Eine Konkordanz (s. S. 161) ermöglicht Benutzern des griechischen Originals das Auffinden der Übersetzung und dient zugleich als Register; die Stichworte zu den Autoren (s. S. 149) ersparen den Griff zum Lexikon freilich nicht.
Die Übertragung versucht, möglichst den Sinn zu treffen und die Pointe zu schärfen, ist daher nicht philologisch exakt, sondern bewußt frei. So wie die Sprüche vielfach die Quintessenz einer Lehre ziehen wollen, ist der Verdichtungsvorgang in manchen Fällen fortgeführt worden. Nicht immer gelang es, zumal bei den Wortspielen. Wenn gewiß

nicht alle Sprüche zünden, so ist doch der eine oder der andere Funke darunter, der zum Nachdenken anregt. Denn ein Aphorismus ist nicht nur, wie Marie von Ebner-Eschenbach schreibt, «der letzte Ring einer langen Gedankenkette», sondern kann auch der erste sein.

Alexander Demandt

Geld und Gut

Als Dionysios, der Tyrann, fragte, weshalb die Reichen nicht den Weisen aufwarten, sondern umgekehrt, antwortete Antisthenes: «Weil die Weisen wissen, was ihnen zum Leben fehlt, während die Reichen sich lieber um Geld als um Weisheit bemühen.» (6)

Aristipp nahm Hörgeld, nicht um sich ein schönes Leben zu machen, sondern um seine Schüler zu lehren, ihr Geld sinnvoll auszugeben. (24)

Aristipp empfahl, man solle sich daran gewöhnen, von wenigem zu leben, damit man um des Geldes willen nichts Schändliches tue. (29)

Als jemand einen anderen beschimpfte, der ihm sein Geld nicht zurückgab, bemerkte Aristipp: «Tadel verdient weniger der säumige Schuldner als der leichtsinnige Gläubiger.» (31)

Der Tyrann Dionysios fragte Aristipp, wann er endlich aufhören werde, ihn anzubetteln. Er sagte: «Wenn du aufhörst, mir etwas abzugeben, und das wird sein, wenn wir einander nicht mehr mögen.» (35)

Auf die Frage, was ihm die Philosophie einbringe, erwiderte Aristipp: «Daß ich ohne Scheu mit jedem reden kann.» (36)

Beim Abschied erhielt Aristipp von Dionysios viel Geld und fürchtete nun die Begehrlichkeit der Seeleute. Da trat er von der Mitte des Schiffes an die Bordwand, ließ die Münzen aus dem Topf auf das Brett schütten, so als wollte er sie zählen. Dann warf er sie ins Wasser. Auf den Unwillen der Seeleute antwortete er: «Besser, das Geld geht durch mich zugrunde, als umgekehrt.» (39)

Als Platon einmal rügte, daß Aristipp einen schönen Fisch für zwölf Drachmen gekauft hatte, fragte Aristipp, ob Platon ihn für eine Drachme genommen hätte. Als dieser bejahte, erklärte er, eine Drachme im dünnen Beutel Platons entspreche zwölf Drachmen im dicken Beutel Aristipps. (40)

Aristeides dem Gerechten warf jemand seine Armut vor. Da sagte er: «Meine Armut hat mir nie Verdächtigungen eingetragen, dir dein Reichtum aber viele.» (47)

Aristoteles sagte: «Man soll hohes Lehrgeld verlangen, und zwar von den Begabten, weil ihnen aus dem Unterricht großer Nutzen erwächst, und von den Unbegabten, weil sie den Lehrern große Mühe machen.» (57)

Der Spartaner Agesilaos antwortete auf die Frage, was man tun müsse, um reich zu werden: «Seine Begierden zügeln.» (68)

Anakreon erhielt ein Talent Gold von Polykrates, dem Tyrannen, gab es aber mit den Worten zurück: «Ich hasse ein Geschenk, das mich zur Wachsamkeit zwingt.» (72)

Alexander spielte mit einem Jüngling Ball und schenkte ihm ein Talent. Als die Freunde sagten: «Du hast mehr gegeben, als du schuldig warst», erwiderte er: «Ich muß nicht darauf sehen, wieviel jener erhalten, sondern darauf, wieviel ich geben sollte.» (81)

Anaximenes sagte einmal zu Alexander: «Wenn du alle so reich beschenkst, wirst du das nicht lange tun können.» Darauf Alexander: «Wenn ich damit aufhöre, werde ich meinen Besitz nicht lange halten können.» (85)

Als der Mundschenk Iolaos eine goldene Schale verloren hatte und darüber betrübt war, tröstete ihn Alexander: «Wo sie auch sei, sie ist unser.» (88)

Als die Freunde ihn ermahnten, Geld zusammenzubringen, sagte Alexander: «Das hat auch dem Kroisos nichts genutzt.» (90)

Als Alexander den Hunde-Philosophen Diogenes in seiner Tonne sah, bewunderte er ihn und sagte zu seinen Freunden: «Gerne wäre ich Diogenes, wäre ich nicht Alexander.» (91)

Ariston, der Philosoph, verglich den reichen Geizhals mit einem Maultier, das Gold und Silber für andere schleppt, selbst aber Brennesseln frißt. (120)

Aristoteles beschenkte einmal einen Bettler. Da sagte wer: «Das ist aber ein schlechter Mensch!» Aristoteles darauf: «Ich habe ihm nicht um des Menschen, sondern um der Menschlichkeit willen etwas gegeben.» (139)

Das Geld wird nach Bion den Reichen vom Schicksal nicht geschenkt, nur geliehen. (161)

Zu einem verdorbenen Burschen, der sein Erbe verpraßt hatte und nun von Oliven, Brot und Wasser lebte, sagte Diogenes: «Hättest du immer gefrühstückt, wie es die Klugheit gebietet, müßtest du jetzt nicht speisen, wie es die Not dir befiehlt.» (169)

Gefragt, wie das Gold zu seiner blassen Farbe komme, erwiderte Diogenes: «Weil viele ihm nachstellen.» (172)

«Wer ist reich unter den Menschen?» Diogenes: «Der Genügsame.» (180)

Aristipp fragte Diogenes, was ihm die Philosophie eingebracht habe. Er antwortete: «Reich sein, ohne einen Pfennig zu besitzen.» (182)

Diogenes sah einen Knaben mit den hohlen Händen aus einem vorüberfließenden Wasser schöpfen und trinken. Da warf er den Becher fort, aus dem er zu trinken pflegte, und sagte: «Besser und nützlicher sind die Hände, die ich von der Natur bekommen habe.» (185)

Demosthenes kam dazu, wie ein Geizhals begraben wurde. Da sagte er: «Der hat ein lebensunwürdiges Leben geführt und hinterläßt den Erben die Mittel zu einem lebenswürdigen.» (213)

Als Demosthenes sah, daß jemand, der mit Geld großzügig nicht nur gegen ihn, sondern ebenso auch vielen andern gegenüber war, sagte er: «Ich bedanke mich nicht bei dir, denn dein Handeln ist nicht überlegt, sondern krankhaft.» (223)

Demosthenes sah, wie jemand sich mehr um seinen Wohlstand als um seine Söhne kümmerte. Da sagte er: «Du scheinst nicht deinen Reichtum deinen Söhnen hinterlassen zu wollen, sondern diese jenem.» (232)

Gefragt, was er mit den Bestechungsgeldern aus Makedonien gemacht habe, zeigte Demades auf seinen Magen und seine Scham und meinte: «Wie können die genug kriegen?» (242)

Demokrates verglich die ungebildeten Reichen mit dickpelzigen Schafböcken, bloß daß diese von den Scherern, jene von den Sykophanten (= Schmarotzern) geschoren würden. (250)

Die Liebe zum Geld erklärte Demokrit zur Metropole aller Übel. (265)

Epaminondas, dem Feldherrn von Theben, unterstellte jemand Verrat gegenüber den Feinden, während er ein frugales Mahl einnahm. Da blickte er auf den Denunzianten, zeigte ihm den Tisch und sagte: «Ist das etwa das Mahl eines Verräters?» (279)

Zenon erlitt Schiffbruch und verlor seine Habe. Darüber äußerte er kein unwürdiges Wort, sondern sagte: «Gut so, Tyche, du beschränkst mich auf meinen Mantel.» (298)

Als Nikomachos, der Sohn des Aristoteles, keine Lust zum Philosophieren zeigte, sagte Theophrast, sein Lehrer: «Schön ist nicht allein, die Güter eines solchen Vaters zu erben, sondern auch seine Lebensweise.» (330)

Als Theokrit sich einmal eigenhändig Kohl wusch, wollte jemand wissen, ob er denn keinen Geldverleiher kenne? «Wie sollte ich, der ich mich mit einem solchen Leben begnüge?» (350)

Der Dichter Anakreon klagte einem Freunde seine Armut. Der sagte: «So hoffe auf Dichterruhm!» Anakreon aber meinte: «Hoffnungen sind Träume von Wachenden.» (375)

Krates übereignete den Thebanern lange vor seinem Tode 300 Talente Silber und bemerkte: wenn er noch einen Sohn zeugte, der seiner würdig sei, so benötige dieser kein Geld; falls er seiner aber unwürdig wäre, würde er auch mit diesem Geld kein anständiger Mensch. (387)

Der Gesetzgeber Lykurg sagte: «Die Stellung eines Menschen wird durch sein Vermögen bestimmt, sein Wert aber durch seine Lebensweise.» (401)

Alexander schickte Xenokrates Geld. Dieser bewirtete die Gesandten auf seine Weise und sagte ihnen: «Meldet dem König, solange ich nach dieser Art lebe, brauche ich keine fünfzig Talente.» (419)

«Man soll den Kindern lieber Ehrfurcht vererben als Geld», meinte Platon. (425)

Platon antwortete auf die Frage, warum er im Alter das Geld liebe: «Besser sterbend den Gegnern etwas hinterlassen als lebend die Freunde anbetteln.» (428)

Platon verglich die unersättlichen Reichen mit Wassersüchtigen: «Diese dürsten, obschon sie voll sind, nach Wasser, jene nach Geld.» (434)

Pythagoras meinte, wie man ein Pferd nicht ohne Zaum beherrschen könne, so auch Reichtum nicht ohne Besonnenheit. (462)

Pythagoras sagte: «Reich an Geld heißt arm an Freuden.» (463)

Sokrates sah, wie jemand über seine Armut trauerte, während gerade die Dreißig Tyrannen die Reichen beseitigten. Da sagte er: «Welchen Kummer hat wohl der Arme?» (473)

Sokrates erklärte es für gleichermaßen falsch, denen etwas zu geben, die es nicht verdienen, wie denen etwas zu verweigern, die es benötigen. (477)

Sokrates sah, wie Aristipp in seinem prächtigen Gewand sich auf eine Bank setzen wollte. Da besudelte er diese, aber Aristipp setzte sich unbeirrt. Darauf bemerkte Sokrates: «Ich habe verstanden, daß du den Mantel besitzt und nicht er dich.» (493)

König Archelaos berief Sokrates nach Makedonien und versprach ihm große Geschenke. Er aber ließ melden: Solange er um drei Kupferstücke Brot für einen ganzen Tag erhalte und das Wasser aus dem Brunnen des Nachbarn umsonst fließe, käme er nicht. (495)

Sokrates sagte: «Wenn Reichtum Glück brächte, wäre er eine lohnende Sache. Aber das tut er nicht, wie Menelaos bei Homer (Od. IV 93) sagt: So bin ich ohne Freude Herr über alle Güter.» (497)

Sokrates fragte einen Jüngling, der sich allzusehr auf die Jagd verlegte und alles andere vernachlässigte, wieviel ihm diese wert sei. «Tausend Drachmen», meinte er. «Also weißt du, was du selber im besten Falle wert bist.» (498)

Stilpon, der megarische Philosoph, war durch Demetrios, den Städtebezwinger, seiner Heimat und seines Besitzes beraubt worden. Vor den König geführt und gefragt, ob ihm etwas abhanden gekommen sei, erwiderte er: «Eigentlich nicht, meinen Verstand und meine Bildung habe ich noch. Das andere aber, gehört es den Eroberern mehr, als es mir gehört hat?» (515)

Bildung und Erziehung

Antisthenes verglich die Arbeiten mit den Hunden: «Sie tun jenen weh, die nicht an sie gewohnt sind.» (1)

Antisthenes nannte die Ungebildeten «Menschen, die auch im Wachsein schlafen». (3)

Antisthenes lehrte früher Rhetorik. Dann wurde er durch die Reden des Sokrates verwandelt. Darauf sagte er zu seinen Studenten: «Bisher wart ihr meine Schüler. Jetzt werdet ihr, wenn ihr Vernunft habt, meine Mitschüler sein.» (4)

Antisthenes sah auf einem Gemälde Achill den Kentauren Chiron bedienen: Da meinte er: «Gut so, Knabe, daß du um der Bildung willen sogar den Dienst bei einem Tier auf dich nimmst.» (11)

Seinem mißratenen Sohn verschloß Aristipp das Haus. Seine Frau zankte deswegen mit ihm, denn der Sohn stamme doch von ihm! Da bemerkte Aristipp: «Von dem, was mich stört, trenne ich mich, auch wenn es von mir stammt», und spuckte aus. (25)

Als jemand schwur, sein Kind werde sich anständig und rechtschaffen gegen Aristipp verhalten, sagte er: «Schwöre nur, er werde ein Redner oder ein Musiker, und siehe, wie er nichts davon lernt.» (33)

Aristipp sagte: «Wie unser Körper durch Nahrung und Übung groß und stark wird, so wird unsere Seele durch Studium und Disziplin reich und gut.» (34)

Als der Vater ihn aus Athen nach Kyrene zurückholen wollte und schrieb, daß er ihn als ungehorsamen Sohn nach der heimischen Sitte in die Sklaverei verkaufen werde, schrieb Aristipp zurück, er solle noch ein wenig warten, denn wenn er eine höhere Bildung genossen habe, werde der Vater einen höheren Preis für ihn erzielen. (42)

«Wenn ich sonst nichts von der Philosophie gehabt hätte», sagte Aristipp, «so doch dies, allen Vorfällen mit Vernunft zu begegnen.» (44)

Als ihn die Bürger schalten, daß er ausgerechnet mit den jungen Männern verkehrte und über die Vernunft disputierte, entgegnete Aristipp: «Ich sehe, daß auch ihr nicht die alten Pferde zähmt, sondern die Fohlen.» (45)

Aristoteles, der Philosoph, sah einen Jüngling, der sich für Schaustellungen interessierte. Da sagte er: «Mein Knabe, suche nicht andere zu betrachten, da du selbst noch nichts Anschauenswertes bietest.» (49)

Aristoteles nannte die Bildung für die Glücklichen eine Zier, für die Unglücklichen eine Zuflucht. (50)

Als einmal Theophrast und Kallisthenes vor Aristoteles deklamierten, sagte er jenem, der allzu hurtig redete, er brauche einen Zügel, diesem, der allzu bedächtig sprach, er benötige Sporen. (52)

Aristoteles sagte, die Ungebildeten wandelten unter den Gebildeten wie die Toten unter den Lebenden. (55)

Als jemand Aristoteles gratulierte, einen Schüler wie Alexander zu haben, meinte er, lieber solle er Alexander gratulieren, einen Lehrer wie Aristoteles zu haben. (56)

Aristoteles nannte die Wurzeln der Bildung «bitter», die Früchte «süß». (59)

Alkidamas, der Rhetor, bezeichnete die Odyssee als einen «Spiegel des Menschenlebens». (67)

Als Alexander nach Ilion kam und das Grab Achills sah, sagte er: «O Achill! Welches Glück hattest du, als Großer einen großen Sänger zu finden.» Da sagte Anaximenes, der dabei war: «Auch ich werde dich, mein König, berühmt machen.» Darauf Alexander: «Bei den Göttern, lieber wäre ich Thersites bei Homer als bei dir Achilleus.» (78)

Auf die Frage, wen er mehr liebe, Philipp oder Aristoteles, sagte Alexander: «Beide gleich. Denn der eine hat mir das Leben geschenkt, und der andere hat mich das rechte Leben gelehrt.» (87)

Aristoteles meinte, der Ungebildete unterscheide sich vom Tier nur äußerlich. (146)

Auf die Frage, weshalb ihm seine eigenen Worte nichts nützten, entgegnete Bias: «Auch die Dose mit der besten Arznei hat von dieser keinen Nutzen.» (157)

Bei einer Prüfung war ein Jüngling unter allen schweigsam. Da sagte Bias: «Wenn du trotz vorhandener Bildung schweigst, bist du ungebildet. Wenn du wegen fehlender Bildung schweigst, dann bist du gebildet.» (159)

«Die Klugheit», sagte Bion, «versorgt uns mit allem, die Besonnenheit rüstet uns gegen alles.» (162)

Der Philosoph Glykon nannte die Bildung einen «Tempel der Zuflucht». (164)

Gorgias, der Rhetor, sagte: «Leute, die keinen Sinn für die Philosophie haben und sich bloß um Vielwisserei bemühen, gleichen den Freiern der Penelope, die mit deren Mägden schliefen.» (166)

Als jemand dem Diogenes vorhielt, er sei kein Philosoph, sondern wolle bloß einer sein, erwiderte dieser: «Das habe ich dir voraus, daß ich es wenigstens will.» (174)

Ein Mann brachte seinen Sohn zu Diogenes zur Unterweisung und sagte, er sei schön und gut und dankbar. Darauf Diogenes: «Wozu braucht er dann mich?» (198)

Auf den Vorwurf, nur einen Sohn großgezogen zu haben, bemerkte Demades: «Besser ist es, einen Kapitän als zehn Ruderer zu hinterlassen.» (244)

Demetrios erklärte: «Ein anständiger Jüngling zeigt Achtung zu Hause vor den Eltern, unterwegs vor den Entgegenkommenden, in der Einsamkeit vor sich selbst.» (255)

Nach seiner Absetzung fragte man Dionysios, den Tyrannen Siziliens, was er vom Umgang mit Platon gelernt habe. Er sagte: «Damals maßvoll herrschen, jetzt maßvoll leben.» (261)

Dem Arzt Diokles sagte ein Schüler, er habe sich ein Medizinbuch gekauft und bedürfe keiner Unterweisung. Darauf der Arzt: «Bücher enthalten allein für Wissende lebendige, für Unwissende aber nur tote Lehren.» (264)

Demokrit sagte: «Ich weiß nur, daß ich nichts weiß.» (267)

Zenon sagte: «Das Auge nimmt das Licht aus der Luft, der Geist nimmt es aus dem Wissen.» (297)

Leute, die für ihren Körper, nicht aber für ihre Seele sorgen, verglich Zeno mit solchen, die unter schönen Kleidern eine dreckige Haut verbergen. (299)

Zenon erklärte die Bildung für ausreichend zum Glück. (302)

Heraklit, der Naturdenker, sagte, er habe in seiner Jugend alle anderen an Weisheit übertroffen, weil er gewußt habe, nichts zu wissen. (310)

Heraklit nannte die Bildung «eine zweite Sonne». (314)

Zu einem Jüngling, der während eines Gelages schwieg, sagte Theophrast: «Wenn du als Ungebildeter schweigst, so ist das ein Zeichen von Bildung. Wenn als Gebildeter, von Unbildung.» (333)

Einen Menschen, der wohlgestaltet, aber unerzogen war, nannte Theophrast «ein Alabastergefäß mit Essig gefüllt». (336)

Isokrates erklärte, die Lehrer sollten und dürften hohe Hörgelder verlangen, und zwar von den guten Schülern, weil diese von den Lehrern viel lernten, von den schlechten, weil sie den Lehrern viel Mühe machten. (355)

Auf die Frage, warum er andere reden lehre, selbst aber keine Rede halte, erwiderte Isokrates: «Auch der Wetzstein macht die Messer schärfer, ohne selbst zu schneiden.» (356)

Jemand warf Isokrates vor: «Mein Sohn, dein Schüler tut Unrecht.» Darauf Isokrates: «Frage nicht, aus welcher Schule, sondern aus welchem Hause er kommt.» (364)

Isokrates sah, wie einer seiner Schüler sich mehr um die Landwirtschaft als um die Staatsgeschäfte kümmerte, und warnte: «Sieh zu, daß du nicht deine Güter kultivierst, während dein Geist verwildert.» (365)

Kallisthenes antwortete auf die Frage, warum er Alexander seinen Stolz nicht abgewöhnt habe: «Was ich allein aufgebaut habe, das haben viele andere wieder abgerissen.» (368)

Ein spartanischer Pädagoge wurde gefragt, was er den Knaben beibringe. Seine Antwort: «Daß sie das Ehrenvolle als angenehm empfinden.» (393)

Xenophon nannte die Armut eine sich selbst belehrende Philosophie: wozu diese mit guten Gründen bewege, dazu zwinge jene durch schlechte Finanzen. (414)

Platon sagte: «Die Unterhaltung zwischen Gebildeten und Ungebildeten ist ebenso schön wie die zwischen Nüchternen und Betrunkenen.» (426)

Gefragt, was ihm die Philosophie nütze, antwortete Platon: «Sie bietet mir einen Hafen, während ich andere mit den Stürmen kämpfen sehe.» (430)

Platon sagte: «Dreierlei ist für die Bildung nötig: Begabung, Fleiß und Zeit.» (439)

Platon sagte: «Als Naturwesen bleibt der Mensch an den Körper gebunden, als Geistwesen aber hat er Flügel.» (444)

Platon sagte zu einem Schüler: «Wartest du auf eine Gelegenheit zum Philosophieren, so hast du sie schon verpaßt.» (449)

Protagoras erklärte, Vielwisserei sei sehr nützlich, aber auch sehr schädlich. (469)

Sokrates sah einen ungebildeten Reichen und sagte: «Schau, ein goldener Hammel!» (484)

Sokrates wurde gefragt, wie es um das Glück des Königs Archelaos stehe. «Wie kann ich das wissen?» sagte er, «wo ich nicht weiß, wie es um seine Bildung steht.» (496)

Reichtum ohne Bildung nannte Philipp «vergoldeten Dreck». (546)

Orion sagte einem fleißigen Jüngling: «Du kochst dir ein gutes Mahl fürs Alter.» (563)

Mensch und Mitmensch

Als Antisthenes von einem Schurken gelobt wurde, meinte er: «Ich fürchte, etwas Übles getan zu haben, daß ich solchen Menschen gefalle.» (9)

Anacharsis wurde gefragt, warum neidische Menschen immer grämlich seien. Er sagte: «Weil die nicht nur unter ihrem eigenen Unglück leiden, sondern auch noch unter dem Glück der anderen.» (19)

Gefragt, was im Leben zu bewundern sei, sagte Aristipp: «Ein bescheidener und maßvoller Mensch, der unter vielen schlechten nicht verdorben ist.» (26)

Als ihm jemand Unrecht tat und dann aus dem Wege ging, sagte Aristipp, als er ihm zufällig nochmals begegnete: «Du mußt nicht mich, sondern ich muß dich meiden, weil du schlecht bist.» (27)

Als jemand wissen wollte, wieso Aristipp mit schlechten Menschen verkehre, sagte er: «Weil auch die Ärzte mit Kranken umgehen.» (37)

Als Aristeides hörte, die Athener hätten seine Standbilder umgestürzt, sagte er: «Bestehen bleiben aber werden die Leistungen, derenthalben sie mir die Statuen aufgestellt haben.» (48)

Gegenüber einer allzu harten Zumutung seiner Mutter Olympias antwortete Alexander: «Eine hohe Miete für neun Monate Schwangerschaft!» (75)

Von den Freunden ermahnt, Kinder zu zeugen, erwiderte Alexander: «Ich hinterlasse Taten.» (76)

Als Antipater sich immer wieder brieflich über Olympias beschwerte, sagte Alexander: «Antipater weiß nicht, daß eine Mutterträne viele Anklagebriefe auslöschen kann.» (80)

Als Alexander einen Namensvetter ängstlich kämpfen sah, rief er ihm zu: «Geh, Bursche, ändere deinen Namen oder dein Verhalten!» (83)

Von einem schlechten Tragödiendichter herabgesetzt, sagte Alexander: «Du tust nichts Erstaunliches, Bursche. Du setzt ja auch Aias und Achilles herab.» (93)

Der Fabeldichter Äsop wurde von seinem Herrn zum Mühlendrehen geschickt. «Warum das?» fragte er. «Damit du was Nützliches lernst.» Darauf Äsop: «Willst du nicht auch deine Söhne hinschicken?» (124)

«Wenn mich viele loben», sagte Anacharsis, «weiß ich, daß ich wenig wert bin; loben mich wenige, tauge ich viel.» (135)

Bias sah jemanden im Zustand höchsten Mißmuts, da sagte er: «Entweder ist diesem ein großes Unglück widerfahren oder einem anderen ein großes Glück.» (158)

Als jemand zu Diogenes kam und ihm erzählte, ein gewisser Mensch rede schlecht über ihn, meinte er: «Wundere dich nicht, gut zu reden hat er nicht gelernt.» (179)

Als man ihm sagte, daß die Leute ihn auslachen, entgegnete Diogenes: «Solange sie mich nicht auspfeifen ...» (184)

Als Diogenes einmal richten sollte zwischen zwei Halunken, von denen der eine den anderen des Diebstahls zieh, vernahm er beide und sagte zum einen: «Du hast, scheint mir, nichts verloren», und zum anderen: «Du hast gleichwohl gestohlen.» (190)

Aristipp sah Diogenes einst an einer Quelle wilde Kohlkräuter waschen. Da sagte er zu ihm: «Mein lieber Diogenes, wenn du dich zu den Höfen der Herren hieltest, müßtest du solches Zeug nicht essen.» Die Antwort war: «Mein lieber Aristipp, wenn auch du so etwas äßest, müßtest du nicht den Tyrannen schmeicheln.» (192)

Einem Jüngling, der um alle Philosophen und auch um Diogenes herumscharwenzelte, sagte dieser den Homervers (Il.V 889): «Nicht du Bald-so-und-bald-anders! sitze hier bei mir und winsele!» (193)

Gefragt, warum er in den Wandelhallen äße, erwiderte Diogenes: «Auch Steuermänner und sonstige Werkleute nehmen die Nahrung bei der Arbeit zu sich.» (196)

Diogenes bemerkte, wie ein edler Mensch mit Taugenichtsen umging. Da sagte er: «Es ist absurd, daß wir uns für eine Seefahrt anständige Mitreisende aussuchen, beim Entschluß, ein gutes Leben zu führen, jedoch mit allen verkehren, die sich zufällig anbieten.» (197)

Auf die Frage, was im Menschenleben am schnellsten verschwinde, sagte Demosthenes: «Die Dankbarkeit.» (212)

Demetrios meinte, man solle niemanden fragen, ob er aus einer großen Stadt stamme, sondern ob er deren würdig sei. (257)

Demetrios erklärte, nur ein Sklave lasse sich schlechte Behandlung gefallen, ein Freier erwarte gute. (258)

Auf die Frage, warum er Böse wie Gute hasse, erwiderte Euripides: «Die Bösen wegen ihrer Schlechtigkeit, die Guten, weil sie die Bösen nicht hassen.» (272)

Auf die Frage, weswegen er sich über seinen schlechten Ruf so sehr ärgere, antwortete Euripides: «Wenn ich mich über den schlechten

Ruf nicht ärgerte, könnte ich mich über einen guten Ruf auch nicht freuen.» (274)

Eratosthenes von Kyrene verglich die Jugend mit dem Frühling, die Lebenshöhe mit Sommer und Herbst, den Winter mit dem Greisenalter. (291)

Zeno sagte zu dem durchgeprügelten Gefolgsmann eines Edlen: «Ich sehe die Spuren deines Ungehorsams.» (300)

Thales betrachtete nachts die Sterne und fiel in einen Brunnen. Auf seinen Ruf kam eine Magd, holte den Herrn mit einer Leiter heraus und sagte: «O Thales! Was am Himmel vorgeht, siehst du, was auf der Erde ist, siehst du nicht.» (319)

«Es ist besser», sagte Theophrast, «daß wir unserer Wohltäter gedenken als unserer Übeltäter, denn Dank bezeugt eine edlere Gesinnung als Rache.» (328)

Theophrast fiel einem Schwätzer in die Finger, da fragte er ihn: «Wo muß ich morgen hingehen, um dich nicht zu treffen?» (331)

Ein Hirte hatte ein Schaf verloren und betete zu Zeus: «Wenn ich den Dieb erwische, opfere ich dir einen Bock.» Er kam in eine Höhle und sah, daß ein Löwe das Schaf hineingeschleppt hatte. Da stand er still und betete nochmals: «Wenn ich dem Dieb entwische, opfere ich dir einen Stier.» (421)

Man sagte Platon: «Bestimmte Leute reden Schlechtes über dich.» Darauf jener: «Ich lebe so, daß bestimmte Leute kein Vertrauen verdienen.» (431)

Als jemand Sokrates und seine Freunde beschimpfte, fragten sie ihn: «Sagt jener dir nicht schlimme Dinge?» «Nicht mir, sondern dem, der etwas davon hat.» (481)

«Warum läßt du dich ungestraft treten, Sokrates?» wunderte sich jemand. Sokrates antwortete: «Was soll ich einen Esel strafen?» (500)

«Warum willst du keine Kinder haben?» fragte man Solon. Er sagte: «Aus Kinderliebe.» (509)

Ein Jüngling bat Simonides um ein Lobgedicht und verspach ihm dafür großen Dank. Darauf sagte jener: «Ich habe zwei Körbe. In den einen tue ich den Dank, in den anderen das Geld. Wenn ich dann die Körbe öffne, um von ihrem Inhalt Gebrauch zu machen, ist der mit dem Geld gefüllt, der mit dem Dank aber leer.» (513)

Als Sophokles, der Tragödiendichter, vom Tode des Euripides in Makedonien hörte, sagte er: «Der Wetzstein meiner Dichtung ist zerbrochen.» (517)

Auf die Frage, warum er selbst die Menschen als gute, Euripides sie aber als schlechte Wesen darstelle, erklärte Sophokles, er selbst schildere sie, wie sie sein sollten, jener aber, so wie sie seien. (518)

Freund und Feind

Als Alexander nach Asien übersetzte und Phokion ihn fragte, auf welche Mittel vertrauend er gegen den reichen Großkönig streiten wolle, zeigte Alexander auf seine Freunde und sagte: «Mit diesen.» (86)

Alexander wollte einen Gesandten nach Persien schicken und ermahnte ihn, vorsichtig zu sein, damit man ihn schone. Als dieser sagte: «Es wäre ehrenvoll für mich, dir, o König, mein Leben zu opfern», erwiderte Alexander: «Und ehrenvoll für mich, mir solche Freunde zu erhalten.» (103)

«Es ist besser», sagte Anacharsis, «einen einzigen Freund zu besitzen, der viel wert ist, als viele, die nichts taugen.» (132)

Aristoteles nannte die Freundschaft «eine Seele, die in zwei Körpern wohnt.» (137)

Bias meinte, es sei schwieriger, zwischen streitenden Freunden zu urteilen als zwischen streitenden Feinden. «Denn der Freund, dem du Unrecht gibst, wird dein Feind, aber der Feind, dem du Recht gibst, wird dein Freund.» (150)

Auf die Frage, wie man sich seiner Feinde erwehre, antwortete Diogenes: «Indem du dich gut und edel gegen sie beträgst.» (187)

Euripides sagte: «Wer einen Freund im Leide allein läßt, ist auch nicht würdig, sich mit ihm zu freuen.» (273)

Der Volksredner Ephialtes aus Athen war zum Vorsteher des Volkes gewählt worden. Darauf löste er seine Freundschaften auf, indem er sagte, niemand könne das allgemeine Beste anstreben und zugleich seine Freundespflichten erfüllen. (285)

Auf die Frage, was ein Freund sei, sagte Zenon: «Mein anderes Ich.» (296)

Zaleukos, der Gesetzgeber von Lokroi, wurde gefragt, wie man sich von Verfehlungen freihalten könne. Er sagte: «Indem man sich viele Feinde hält. In der Furcht vor deren lauernder Kritik wird man selten das rechte Maß übertreten.» (305)

Als ein treuloser Mensch schlecht über Theodektes sprach, sagte dieser: «Ich freue mich, dein Feind geworden zu sein, denn du tust ja nicht deinen Feinden, sondern deinen Freunden Böses.» (354)

Kleobul empfahl: «Tue dem Freunde Gutes, damit er ein besserer Freund werde, dem Feinde ebenso, damit er ein Freund werde. Hüte dich vor dem Tadel des Freundes und vor den Ränken des Feindes.» (370)

«Unsere Feinde sind uns nützlicher als unsere Freunde», sagte Platon. «Denn wenn wir einen Fehler begehen, wird ihn der Tadel der Feinde kundtun, wogegen die Freunde alles zum Besten wenden und uns verleiten, Übles zu tun.» (424)

«Wie verdrießt man seinen Gegner?» fragte jemand Platon. Er sagte: «Indem man sich daran gewöhnt, anständig zu leben.» (432)

Pythagoras riet: «Meide die Freundschaft der Bösen ebenso wie die Feindschaft der Guten.» (460)

«Was ist der beste Besitz?» fragte man Sokrates. Er sagte: «Ein fester Freund.» (471)

Solon fragte Kroisos, ob es noch etwas Ehrenvolleres gäbe, als König zu sein. Als dieser antwortete: «Den Feinden Böses und den Freunden Gutes tun», bemerkte Solon: «Besser tätest du daran, aus Feinden Freunde zu machen.» (508)

Als jemand sich rühmte, keinen Feind zu haben, bemerkte Chilon, dann habe er auch keinen Freund. (551)

Jemand hinterbrachte Chabrias, daß ein Freund ihn heimlich schlecht mache. «Beschimpfe ihn deswegen nicht», sagte er, «sonst tut er es öffentlich.» (557)

Staat und Politik

Als Antisthenes gefragt wurde, wie man sich zur Politik verhalten solle, sagte er: «Wie zum Feuer. Nicht zu nah, damit man nicht anbrennt, nicht zu fern, damit man nicht friert.» (8)

Als er Pharnabazos, dem Strategen des Königs, gegenübertreten wollte, sagte jemand: «Nur Mut, Aristipp!» Darauf dieser: «Wenn du keinen hast, so sag es; ich fürchte den Umgang mit niemand, seitdem ich mit Sokrates zu tun hatte.» (43)

Aischines, der Rhetor, war aus seiner Heimatstadt Athen verbannt worden, kam nach Rhodos und betätigte sich dort als Sophist. Auch Demosthenes fuhr damals nach Rhodos, begrüßte ihn und verehrte ihm tausend Drachmen. Aischines nahm das Geld und weinte. Demosthenes aber hieß ihn tapfer sein, vielleicht erlaube man ihm wegen seiner Anhänglichkeit auch die Rückkehr. «Soll ich nicht weinen, einer solchen Heimat beraubt zu sein, wo mir sogar meine Gegner helfen wollen?» (62)

Arkesilaos nannte die Denunzianten «Wölfe der Stadt». (66)

Auf die Frage, weshalb Sparta nicht befestigt sei, erwiderte Agesilaos: «Täusche dich nicht, es ist befestigt. Allerdings nicht durch Steine, sondern durch die Tapferkeit seiner Bewohner.» (69)

Gefragt, was ein Feldherr haben müsse, sagte Agesilaos: «Mut gegenüber den Feinden, Wohlwollen gegenüber seinen Männern, Einsicht in die Gunst des Augenblicks.» (70)

Als jemand den Antipatros vor Alexander verleumdete, sagte dieser: «Hör auf, Mann, denn viel habe ich ihm an Vaters Stelle (anti patros) zu verdanken.» (73)

Als die Freunde ihn zu einem Nachtangriff überreden wollten, meinte Alexander: «Es ist nicht königlich, den Sieg zu stehlen.» (77)

Auf die Frage, wie der beste König handle, antwortete Alexander: «Er versucht, durch Wohltaten Freundschaft zu erhalten und Feindschaft zu überwinden.» (82)

Als ein Perserfürst in sicherer Festung sich Alexander ergab, erstattete dieser ihm die

Burg mit allem Zubehör zurück, ja er setzte ihn als Verwalter über ein großes Gebiet. Auf die Frage der Freunde, weshalb er diesen Barbaren so behandele, antwortete Alexander: «Weil er sich lieber mir, einem fremden Menschen, anvertraute als seinen eigenen Mauern.» (84)

Als Alexander in einer Schlacht dreitausend Pisidier gefangengenommen hatte, forderten die Makedonen deren Tod, weil sie Übles von ihnen erlitten hatten. Alexander aber sagte: «Das werde ich nicht tun, denn ich will nicht Volkshenker statt Volkslenker heißen.» (89)

Auf den Wunsch seines Vaters Philipp, an den olympischen Spielen teilzunehmen, sagte Alexander: «Ein Sieg wäre nicht königlich, eine Niederlage aber schimpflich.» (92)

Beim Aufbruch zum Krieg sagte Aristoteles zu Alexander: «Warte doch lieber das Ende deiner Jugend ab, und kämpfe dann!» Alexander aber antwortete: «Wenn ich das tue, fürchte ich, meinen jugendlichen Schwung zu verlieren.» (98)

Viele rieten Alexander, Hellas zu unterwerfen. Da sagte er: «Ich will lieber lange Zeit ein Wohltäter heißen als kurze Zeit ein Herr.» (105)

Ariston nannte den Demos (das Volk) ein Tier mit vielen Köpfen. (121)

Auf die Frage, wann es um die Menschen schlecht stehe, erwiderte Äsop: «Wenn alle alles machen wollen.» (127)

Demosthenes sagte: «So wie die Schiffer den rechten Wind abwarten müssen, so die Politiker den rechten Moment, damit sie dahin kommen, wohin sie wollen.» (209)

Demosthenes nannte die Gesetze die «Sehnen der Demokratie». (211)

Demosthenes nannte die Gesetze die «Seele der Stadt» und sagte: «So wie ein Körper, der Seele beraubt, dahinfällt, so löst sich eine Stadt auf, wenn sie keine Gesetze achtet.» (229)

Als man dem Rhetor Demades riet, die Hände von der Politik zu lassen und lieber den Acker zu bebauen, sagte er: «Lieber will ich die Blessuren auf der Bühne als auf dem Felde davontragen, selbst wenn mir ganz Attika gehörte.» (233)

Einmal stellte Demades einen gesetzwidrigen Antrag an die Volksversammlung. Lykurg zog ihn zur Rechenschaft und fragte, ob er bei der Abfassung keinen Blick auf die Gesetze getan hätte. Darauf jener: «Ich konnte sie nicht erkennen, sie lagen im Schatten der makedonischen Waffen.» (235)

Die Athener weigerten sich, Alexander als Gott zu verehren. Da sagte Demades: «Ich fürchte, ihr Männer, wenn ihr Alexander den Himmel nicht gönnt, wird er euch die Erde nehmen.» (236)

Als das Volk vor ihm tobte, sprach Demades: «Ach Volk (démos), oder besser: ach Henker (démios)». (239)

Demokrates wurde einst von den Athenern als Gesandter zu Philipp gesandt und sprach sehr freimütig zu ihm. Da fragte der König: «Fürchtest du nicht, daß ich dir den Kopf vor die Füße legen lasse?» «Nein, wenn du das nämlich tust, wird mein Vaterland mir wieder einen aufsetzen, und zwar einen unsterblichen.» (251)

Als die Anhänger von Aristogeiton und Pytheas, schlechte Menschen, vom Volk vor Gericht gestellt wurden, sagte Demokrates: «Schämt ihr euch nicht, ihr Athener, wie die Vögel euer eigenes Nest zu beschmutzen?» (252)

Nach dem Tode des Demosthenes erklärte der Redner Demochares in der Volksversammlung: «Männer und Bürger! Die Stimme unseres Vaterlandes ist gestorben.» (263)

Ein großes und gutes Heer ohne Feldherr bezeichnete Epaminondas als «gewaltiges Raubtier ohne Kopf». (281)

König Eumenes Philadelphos sagte seinen Brüdern wiederholt: «Wenn ihr mir als eurem König gegenübertretet, werde ich euch als Brüder behandeln, wenn ihr mich aber als Bruder einstuft, werde ich euch als König begegnen.» (293)

Der peripatetische Philosoph Theophrast wurde gefragt, worauf das Gemeinschaftsleben der Menschen beruhe. Er sagte: «Auf Wohltat, Ehre und Strafe.» (322)

Den Volksmassen solle man weder Gutes noch Schlechtes tun, meinte Theophrast. «Denn an das Schlechte erinnern sie sich ewig, aber das Gute vergessen sie sofort.» (324)

Auf die Frage, worin er Fortschritte im Staatsleben erkenne, erwiderte Theophrast: «Im Neid.» (335)

Auf die Frage, wem er die Königsherrschaft hinterlasse, antwortete Kyros: «Dem, der sie behaupten kann.» (379)

Leonidas der Lakedaimonier zog mit wenigen Kriegern in die Schlacht gegen die Perser. Als ihm das jemand vorhielt, sagte er: «Aber mit Kampfbereiten.» (388)

Leonidas stellte sich in die Schlachtreihe, obwohl er ein lahmes Bein hatte. Als ihn jemand deswegen verspottete, antwortete er: «Wir brauchen Männer, die stehen, nicht solche, die laufen.» (389)

Leonidas verkündete seinen Kriegern, sie würden das Nachtmahl zu guter Stunde gemeinsam im Hades einnehmen. (390)

Als jemand Leonidas voraussagte, die Perser würden mit ihren vielen Pfeilen die Sonne verdunkeln, erwiderte dieser: «Dann werden wir im Schatten kämpfen.» (391)

Ein gebrechlicher Spartaner reihte sich in die Schlachtordnung ein. Auf die Frage: «Wohin willst du in diesem Zustand gehen?» antwortete er: «In den Tod fürs Vaterland.» (392)

Auf die Frage, weshalb die Lakedaimonier kurze Schwerter führten, sagte einer von ihnen: «Weil sie nahe am Feind kämpfen.» (394)

«Wie weit reicht euer Gebiet?» fragte man einen Spartaner. Er entgegnete: «So weit wie unsere Speere.» (396)

Einem Spartaner wurden in einer Stadt von einem Einheimischen die prächtigen Mauern gezeigt. «Es ist», sagte er, «wie wenn sie von Frauen verteidigt würden.» (397)

Ein Spartaner war in der Schlachtreihe gefallen, lebte aber noch. Einer der Feinde kam und schlachtete die noch Lebenden ab. Da schlug der Gefallene die Augen auf und bat darum, die Todeswunde von vorn zu empfangen, er schäme sich, an seiner Leiche Wunden auf dem Rücken zu wissen. (398)

Man fragte den Bildhauer Lysipp, warum er dem Standbild des Demos keine Ohren gegeben habe. Er sagte: «Weil das Volk sich nicht danach richtet, was er hört, sondern danach, was ihm beliebt.» (399)

Xenophon sagte: «Ein König sollte sich eher durch Gunstbeweise als durch Kriegserfolge auszeichnen.» (416)

Auf die Frage, was ihm das Philosophieren eingebracht hätte, antwortete Xenokrates: «Die Bereitschaft, den Staatsgesetzen zu gehorchen.» (417)

Auf die Frage, was ein Gesetz sei, antwortete Platon: «Die Seele der Stadt.» (427)

«Wie werden Staaten am besten regiert?» fragte man Platon. Er sagte: «Wenn die Könige Philosophen oder die Philosophen Könige werden.» (443)

Periander sagte: «Wer als Tyrann sicher herrschen will, muß den Schutz seiner Person dem Wohlwollen der Bürger, nicht den Waffen seiner Garde anvertrauen.» (451)

Perikles wurde von seiner Frau aufgefordert, an seine Rettung zu denken. Da sagte er: «Dies rate anderen! Dem Archonten und Strategen gebührt es, die Bürger zu retten.» (452)

Pyrrhos der Epirote wurde gefragt, welcher seiner Söhne sein Nachfolger auf dem Königsthron würde. Er antwortete: «Der mit dem schärfsten Schwert.» (466)

Sokrates sagte: «König ist nur, wer seine eigenen Leidenschaften beherrscht.» (472)

Auf die Frage, wie man Unrecht verhindere, antwortete der weise Solon: «Indem sich die Unbetroffenen ebenso betroffen fühlen wie die Geschädigten.» (501)

Solon erklärte diejenige Stadt für am besten verwaltet, in der die Besten geachtet werden, und die für am schlechtesten, wo es die Schlechtesten sind. (503)

Solon verglich die Helfer der Tyrannen mit den Kieseln beim Rechnen. So wie diese mal viel, mal wenig gelten, je nachdem wo sie liegen, so erhöht und erniedrigt der Tyrann seine Helfer nach Gutdünken. (505)

Auf die Frage, warum er kein Gesetz gegen Vatermord erlasse, sagte Solon: «Ich hege noch Hoffnung.» (506)

«Was soll ein Gesetz?» fragte man Solon. Er antwortete: «Es soll die Feigen schrecken und die Waghalsigen züchtigen.» (507)

Timotheos sagte: «Wie die Ärzte gegen die Krankheit, so helfen die Gesetze gegen das Unrecht.» (537)

Als Philipp die Nachbarvölker Makedoniens unterworfen hatte, riet ihm seine Mutter Euridike, nun zu Hause auszuruhen. «Ich folgte dir, Mutter», sagte er, «sähe ich nicht, daß die Ruhigen von den Unruhigen, die Untätigen von den Tätigen unterworfen werden.» (543)

Ein König, sagte Philipp, sollte daran denken, daß er zwar ein Mensch sei, aber Macht wie ein Gott habe, damit er mit menschlicher Stimme göttliche Werke vollbringe. (545)

Chabrias sagte, ein Heer von Hirschen unter der Führung eines Löwen sei mehr zu fürchten als ein Heer von Löwen unter der Führung eines Hirsches. (555)

Chabrias erwischte zwei schlafende Lagerwachen, schlug sie tot und sagte: «Wie ich sie vorfand, habe ich sie hinterlassen.» (556)

Auf die Frage, woher er stamme, nannte Chabrias sich «weltbürtig». (559)

Als dem Spartaner Klearch, dem Sohne des Ramphias, vorgeworfen wurde, Hellas an die Perser verraten zu haben, schrieb ihm seine Mutter in einem Brief: «Ein böses Gerücht belastet dich, entweder du läßt es verschwinden oder verschwindest selbst.» (572)

Alter und Tod

Antisthenes sagte zu Dionysios, dem Tyrannen, als dieser bedauerte, sterben zu müssen: «Die anderen bedauern, daß du nicht längst gestorben bist.» (5)

«Wen trifft der Tod am schwersten?» fragte jemand den Anacharsis. «Den Glücklichen», sagte er. (21)

Als Alexis, der Komödiendichter, alt geworden war und kaum noch laufen konnte, fragte ihn jemand, was er in seiner Freizeit treibe. «Ich übe das Sterben.» (46)

Kurz vor seinem Tode in der Fremde wurde Anaximenes von seinen Freunden gefragt, ob er in die Heimat zurückgebracht und dort bestattet werden wolle. Da sagte er: «Führt nicht aus jeder Gegend ein Weg in den Hades?» (61)

Als Alexander den Naturphilosophen Anaxarchos verbrennen lassen wollte, meinte der: «Drohe anderen! Mir ist es eins, ob ich über oder unter der Erde vergehe.» (64)

Amasis, der König von Ägypten, schrieb einem Freunde, der seinen Sohn verloren hatte:

«Wenn du damals nicht traurig warst, bevor du ihn hattest, sei auch jetzt nicht traurig, wo du ihn nicht mehr hast.» (108)

Im Begriff, seine Stimme für ein Todesurteil abzugeben, weinte Antiphon. Da fragte jemand: «Aus welchem Schmerz urteilst und weinst du zugleich?» Darauf Antiphon: «Die Natur zwingt mich zur Sympathie, während das Gesetz mich zum Abstimmen zwingt!» (112)

Als ihn jemand bedauerte, in der Fremde sterben zu müssen, sagte Anaxagoras: «Der Weg ins Jenseits ist von überall gleich weit.» (115)

Als Anaxagoras mitgeteilt wurde, die Athener hätten ihn zum Tode verurteilt, sagte er: «Das hat schon längst die Natur getan, nicht nur mit mir, sondern auch mit ihnen.» (116)

Auf die Nachricht, seine Kinder seien gestorben, antwortete Anaxagoras, er habe Sterbliche gezeugt. (117)

Arimnestos, der Sohn des Pythagoras, erwiderte auf die Frage nach dem höchsten Gut für den Menschen: «Ein schöner Tod.» (118)

Als jemand den Alkibiades einen schlechten Menschen schimpfte, bemerkte der: «Ich sage nicht: geh zum Henker, denn das bist du nicht wert.» (119)

«Was verursacht die größte Verwirrung unter den Menschen?» Darauf Äsop: «Wenn die Toten auferstünden und ihr Eigentum zurückforderten.» (128)

Anacharsis wurde gefragt, ob die Lebenden oder die Toten zahlreicher seien. Er antwortete: «Wohin rechnest du die auf dem Meer Segelnden?» (130)

Aristoteles verglich das Menschenleben mit einer Gurke: beide seien am Ende bitter. (143)

«Zwei Dinge belehren uns über den Tod», sagte Bion, «die Zeit vor der Geburt und der Schlaf.» (160)

Bion sagte: «Das Alter besteht aus den Ruinen des Lebens.» (163)

Krank in einem Gasthaus liegend, wurde Diogenes gefragt, wer ihn im Todesfall hinausbrächte. «Der Wirt.» (200)

Demonax wurde kurz vor seinem Tode gefragt: «Wer sorgt für dein Begräbnis?» Seine Antwort: «Mein Gestank.» (200a)

Als Demosthenes einst die Athener gereizt hatte und diese ihn steinigen wollten, sagte er: «Nur zu, lieber werde ich von euch als mit euch getötet.» (231)

Demokrates, der Freimütige, wurde von König Philipp gefragt, welchen Gefallen er den Athenern tun könne. Er antwortete: «Häng dich auf!» (248)

Der Tragödiendichter Euripides sagte, gute Männer solle man im Leben ehren, im Tode loben. (268)

Der Arzt Erasistratos war dem Tode nahe, da sagte er: «Nicht einmal sterben kann ich, ohne an meine Wissenschaft zu denken.» (290)

Zenon sah, wie ein Toter auf offener Erde von Raben zerrissen wurde, und sagte: «Diesem stellt die Natur die Totengräber.» (303)

Theodoros aus Kyrene äußerte sich freimütig gegenüber König Lysimachos. Dieser bedrohte ihn mit dem Tode. Da sagte jener: «Schämst du dich nicht, Lysimachos, einen gerechten Gegner, den du nicht zu überzeugen vermagst, wie eine Stechfliege zu behandeln?» (352)

«Welcher Tod ist der schlimmste?» fragte man Kyros. Er sprach: «Der vom Gesetz verfügte.» (377)

Als Kyros im Sterben lag und seine Freunde trauern sah, sagte er: «Nur Mut, Freunde, auch die Sonne geht unter.» (378)

Als Xenophon erfuhr, daß sein Sohn tapfer kämpfend gefallen war, sagte er: «Er war der Meine.» (415)

Als der Tyrann Dionysios auf Platon zornig war und erklärte: «Ich lasse dir den Hals abschneiden», trat Xenokrates vor und sagte: «Nicht eher als du meinen abgeschnitten hast.» (418)

Platon nannte den Schlaf einen kurzen Tod, den Tod einen langen Schlaf. (446)

Sokrates aus Athen wurde von seinen Landsleuten zum Tode verurteilt. Da weinte seine Frau Xanthippe und klagte: «Zu Unrecht stirbst du!» Da sagte er: «Wolltest du lieber, daß ich zu Recht stürbe?» (478)

«Die Athener haben dich zum Tode verurteilt» sagte jemand zu Sokrates. Darauf er: «Und die Natur sie.» (487)

«Wird alles einmal alt und schwach?» fragte man Simonides. Er sagte: «Alles, außer der Habgier.» (512)

Auf die Frage, welches der gangbarste Weg sei, erwiderte Stratonikos: «Der zum Hades. Den findet man selbst mit geschlossenen Augen.» (528)

«Alter und Armut», sagte Stratonikos, «sind zwei Wunden, die schwer heilen.» (532)

Als eine Spartanerin vom Tode ihres Sohnes in der Schlacht hörte, sagte sie: «Welch schönen Lohn hast du dem Vaterland dafür bezahlt, daß es dich großgezogen hat!» (569)

Götter und Schicksal

Aristipp hielt es für lächerlich, um Gutes zu beten oder überhaupt etwas von Gott zu fordern. Auch die Ärzte gäben den Kranken nicht das zu essen oder zu trinken, was diese wollten, sondern was ihnen wohltue. (32)

Auf die Frage, was der Mensch mit Gott gemein haben könne, antwortete Aristoteles: «Gutes tun.» (53)

Auf die Frage, worin die Kunst des Sehers bestände, erwiderte Antiphon: «Mit menschlicher Überlegung Vermutungen anstellen.» (71)

König Antigonos betete zu Gott, daß er ihn vor seinen angeblichen Freunden schütze. Als ihn jemand nach dem Grund für das Gebet fragte, antwortete er: «Vor meinen Feinden schütze ich mich selbst.» (107)

Gefragt, weshalb er Fortuna sitzend gemalt habe, erwiderte der Maler Apelles: «Weil sie nicht standhaft ist.» (129)

Als Bias mit einigen üblen Gesellen auf hoher See von einem Sturm überrascht wurde, riefen diese die Götter zu Hilfe. «Nicht so!», meinte er, «sucht euch lieber verborgen zu halten, damit sie droben nicht merken, daß ihr hier segelt.» (148)

Bias wurde von einem gottlosen Menschen nach dem Wesen der Frömmigkeit befragt. «Schweige!» sagte er. Als der Mensch nach dem Grund fragte, entgegnete der Weise: «Schweige, sonst erfährst du Dinge, die dir nicht zukommen.» (149)

Demetrios meinte, wer zu den Göttern bete, solle das höchste Gut erflehen; wer aber Menschen rate, solle das Mögliche empfehlen. (254)

Euripides wollte Linsen kochen und hatte kein Holz. Da legte er ein Holzbild des Herakles, das nahebei stand, auf den Herd und sagte: «Als dreizehnte Arbeit legt dir Euripides auf, Linsen zu kochen.» (276)

Euklid, der Philosoph, wurde gefragt, welcher Art die Götter seien und wem sie Gunst erwiesen. Er sagte: «Darüber weiß ich nichts, aber das ist gewiß: Geschäftigkeit hassen sie.» (277)

Epaminondas nannte den Tod im Kriege ein «Opfer an die Götter». (280)

Der Philosoph Epikur bezeichnete die Religion als eine «heilige Krankheit», womit die Griechen sonst die Fallsucht bezeichnen. (294)

Heraklit sagte: «Werden Götter und Menschen ‹geschätzt›, so werden sie versklavt.» (312)

Auf die Frage, ob von unseren Handlungen Gott etwas verborgen bleibe, erwiderte der weise Thales: «Nicht einmal unsere Gedanken.» (316)

Theophrast sah einen Jüngling, der zu den Göttern um Einsicht und Vernunft betete, und sagte ihm: «Mein Jüngling, Einsicht und Vernunft gewinnt man nicht durch Beten, sondern durch Lernen.» (323)

Theokrit meinte, die gelungene Dichtung sei ein Geschenk der Götter und erfordere Dank, das mißglückte Gedicht aber sei ein Werk von Menschen und verdiene Nachsicht. (347)

Auf die Frage, warum Demeter (die Göttin der Feldfrucht) mit einer Fackel dargestellt werde, antwortete Theokrit: «Weil alle Nahrung mit Feuer zubereitet wird.» (351)

Als ein Schiffbrüchiger Pyrrhos großsprecherisch gegenübertrat, meinte dieser: «Recht hatte Poseidon, einen Prahlhans wie dich wieder auszuspucken.» (467)

Jemand sagte zu Sokrates: «Ich liebe dich.» Er antwortete: «Daran ist ein anderer schuld als ich.» (474)

Stratonikos erkrankte in Cypern gefährlich und versprach, Aphrodite ein Rind zu opfern, wenn er genese. Als es soweit war, hatte er kein Opfertier und brachte statt dessen der Göttin mehrere Fladenkuchen und sagte, er sei momentan in Verlegenheit, Aphrodite möge ihm verzeihen. Die Priesterin nahm die Kuchen, legte sie einzeln auf den Altar: «Diesen anstelle des Schenkels für mich, diesen anstelle der Schulter für den Unterpriester, diesen anstelle der Rippe für den Pförtner.» Da nahm Stratonikos das Tuch, in das die Kuchen eingewickelt waren, und sagte seinem Burschen: «Tu das Tuch weg, sonst nimmt die Priesterin das auch noch für irgendwen hier anstelle der Rindshaut.» (527)

Auf die Frage, wer ihm das Auge ausgestochen habe, antwortete Philipp von Makedonien: «Der Pfeil des hellenischen Eros.» (539)

Auf die Frage Äsops, was Zeus mache, sagte Chilon: «Das Hohe niedrig, das Niedrige hoch.» (553)

Der Philosoph Psittakos sagte, gute Menschen hätten Anteil an Gott. (560)

Eine alte Athenerin wurde beim Symposion gefragt, ob Dionysos sterblich sei. Da jemand von dem Wein etwas mitnahm, sagte sie: «Ja. Ich sah, wie er herausgetragen wurde.» (565)

Frauen und Schönheit

Antisthenes antwortete jemandem auf die Frage, ob er heiraten solle: «Nimmst du eine Schöne, mußt du sie mit anderen teilen. Nimmst du eine Häßliche, bist du bestraft.» (2)

Bei einem Gelage des Tyrannen Dionysios wurden den Gästen Frauengewänder angeboten, in denen sie allerlei Scherze treiben sollten. Platon weigerte sich mit dem Vers: «Nicht kann ich ein Weiberhemd ertragen» (Euripides Bacc. 836), Aristipp jedoch sagte: «Her damit, denn der Bacchantentaumel selbst kann wahrer Besonnenheit nicht schaden.» (l.c.317) (41)

Als jemand dem Philosophen Arkesilaos vorhielt, es schicke sich nicht, daß ein Philosoph sich eine Geliebte halte, erwiderte der: «Unschicklich ist eher, wenn die Geliebte sich einen Philosophen hält.» (65)

Auf den Rat seiner Freunde, gegen die Amazonen zu kämpfen, erwiderte Alexander, über Frauen zu siegen sei nicht rühmlich, von ihnen besiegt zu werden aber unrühmlich. (94)

Alexander kam siegreich nach Illyrien und sah im Heiligtum des Zeus eine wunderschöne Frau. Lange betrachtete er sie voller Erstaunen. Da sagte Hephaistion: «Mit Recht kannst du dich ihrer Reize bedienen», aber Alexander erwiderte: «Es wäre doch schlimm, wenn wir, die wir die Zügellosigkeit anderer strafen wollen, selbst von den Fremden dabei ertappt würden, wie wir der Zügellosigkeit frönen.» (100)

Antagoras war unansehnlich und bekam ebensolche Kinder. Da sagte er: «Meine Frau ist eben allzu treu.» (113)

Gefragt, warum er gerne mit schönen Jünglingen diskutiere, erwiderte Aristoteles: «Das ist die Frage eines Blinden.» (141)

Schöne Hetären nannte Aristoteles «tödlichen Nektar». (142)

Als er einen Knaben sich schminken sah, sagte Aristoteles: «Schämst du dich nicht, von der Natur zum Mann bestimmt, dich selbst zur Frau zu machen?» (144)

Einem Jüngling, der sich herausputzte, sagte Diogenes: «Tust du es für Männer, so hast du Pech. Tust du es für Frauen, so bist du im Unrecht.» (171)

Diogenes sah einen schönen und deswegen geliebten Jüngling. Ihm sagte er: «Mein Junge, bemühe dich mal darum, die Liebhaber deines Körpers zu solchen deiner Seele zu machen.» (176)

Nach einem Übel im Leben gefragt, nannte Diogenes eine Frau, die bloß schön anzusehen sei. (189)

Demosthenes sah einen wunderschönen Knaben auf dem Bauche am Fluß schlafen. Er stieß ihn an, weckte ihn und sagte: «Fürchtest du nicht, daß jemand dich im Schlaf mit seinem Speer sticht?» (224)

Demades wurde von jemandem, der seine Tochter heiraten wollte, gefragt, ob sie schön sei. Da sagte er: «Als Geliebte ist sie häßlich, als Ehefrau schön.» (234)

Demades sagte: «So wie früher die schöne Gestalt der Helena den Griechen zum Verderben wurde, so wird die jetzt schöne Rede des Demosthenes zum Untergang Griechenlands ausschlagen.» (245)

Dionysios sagte einem Jüngling, der sich nur um seinen Körper sorgte, er wundere sich, daß jener sich um Dinge kümmere, deren Bestand an einem Haare hinge. (262)

Eukrates, genannt die «Lerche», sagte zu einem Jüngling, der seine Jugend mißbrauchte und aus seiner Schönheit ein Geschäft machte: «Ich sehe, mein Junge, wie du aus deinem Hinterteil deinen Vorteil gewinnst.» (292)

Jemand fragte Thales, ob er sich vom Vorwurf des Ehebruchs durch einen Schwur reinigen solle. Thales riet ab: Ein solcher Eid schade ihm mehr als die Tat. (317)

Von seiner Mutter zur Heirat gedrängt, erklärte Thales, es sei zu früh. Als sie ihn später nochmals drängte, erklärte er, es sei zu spät. (318)

Auf die Frage, was Liebe sei, antwortete Theophrast: «Das Leiden einer unbeschäftigten Seele.» (332)

Kyros sah eine schöne Frau. Da sagte jemand: «Als König darfst du sie gebrauchen, wenn du willst.» Er antwortete: «Gewiß, aber als König darf ich nichts Unsinniges tun.» (376)

Der Kyniker Krates sah einen Jüngling, der sich herausputzte, und verglich ihn mit einer sauberen, breiten Straße, über die viele Leute ungehindert einherspazieren. (381)

Lykon sah, wie eine mutige Frau Männerwerk verrichten wollte. Da sagte er: «Ich billige weder eine Frau, die einem Manne, noch einen Mann, der einer Frau gleichen will.» (403)

Sokrates sagte: «Es ist gut, mit einer leidenschaftlichen Frau zusammenzuleben, wegen der Übung. Denn auch der Reiter soll sich auf ungezähmten Pferden bewähren; wenn er diese meistert, hat er mit den anderen keine Schwierigkeiten.» (480)

Nachdem Xanthippe ihn wieder einmal ausgezankt und dann noch aus dem Fenster mit Wasser begossen hatte, sagte Sokrates: «Wußte ich's doch! Wenn's donnert, dann regnet's auch.» (491)

Sokrates sah einen schönen Jüngling, der allen Männern der Reihe nach gefällig war, und sagte: «Du übler Kerl sollst übel enden, weil du die Grazien aus Jungfrauen zu Huren gemacht hast.» (492)

Solon beantragte ein Gesetz, daß Frauen erst mit 50 Jahren in der Öffentlichkeit auftreten dürften. Gefragt warum, erwiderte er: «Damit man sich nicht dafür interessiert, wessen Frau, sondern wessen Mutter sie ist.» (504)

Als Stratonikos einmal heimkehrte, begegnete er dem Liebhaber seiner Freundin, der gerade sein Haus verließ. Er erwischte sie, wie sie noch auf dem Sofa lag, und fragte, weshalb sie einen so roten Kopf habe. Sie antwortete: «Ich hatte einen Fieberanfall, aber er geht gerade wieder weg.» «Das glaube ich dir, er ist mir im Hausflur begegnet.» (529)

Eine Athenerin las an der Türe eines heiratslustigen Jünglings den Spruch: «Hier wohnt Herakles. Kein Übel soll hier einkehren», und sagte: «Der bekommt nie eine Frau.» (564)

Dionysios, der Tyrann, ließ eine Syrakusanerin holen, erklärte, er liebe sie, wolle ihr aber eine Gunst gewähren. Da sagte sie: «Laß mich frei, denn alle Frauen sind gleich, sobald das Licht erloschen ist.» (571)

Glück und Unglück

Wie Alexander den Diogenes in seinem Faß liegen sah, sagte er: «Ein Faß voll Geist.» Der Philosoph aber stand auf und entgegnete: «O größter König, einen Tropfen Glück hätte ich lieber als ein Faß voll Geist, denn ohne das ist auch der Geist unglücklich.» (97)

Als Alexander den Darius entblößt vor sich liegen sah, legte er gleich seinen Mantel über ihn und sagte: «Liebe Männer, ich verhülle nicht den Toten, sondern das Unglück.» (99)

Bias sagte, unglücklich sei, wer das Glück nicht zu ertragen wisse, und eine Krankheit der Seele sei es, das Unmögliche zu erstreben. (153)

Gefragt, was schwer sei, antwortete Bias: «Den Wechsel zum Schlechteren mit Anstand ertragen.» (154)

«Was ist für die Menschen süß?» fragte man Bias. Er sagte: «Die Hoffnung.» (155)

Gefragt, was die Guten betrübe, erwiderte Glykon: «Das Glück des Bösen.» (165)

Diogenes sagte, wahre Freude biete eine ruhige und heitere Seele, ohne die auch die Schätze eines Midas, eines Krösus nichts nützten. Wer sich über Großes oder Kleines gräme, der sei unglücklich. (181)

Als jemand meinte, das Leben sei miserabel, sagte Diogenes: «Nicht das Leben, sondern nur bestimmte Arten des Lebens.» (183)

Diogenes sagte, sein ganzes Leben stecke in dem Tragödienvers: «‹Bettelnd, irrend, lebend von Tag zu Tage.› Dennoch sei er bereit, mit dem Perserkönig zu wetten, wer das bessere Leben führe.» (201)

Demetrios sagte: «Wer nicht mit Anstand ein Unglück tragen kann, der kann auch das Glück nicht mit Anstand tragen.» (256)

Demokrit sah einen Neidischen trauern. Da sagte er: «Entweder ist diesem ein großes Unglück widerfahren oder seinem Nachbarn ein großes Glück.» (266)

Hegesias sagte, Philipp zeige sich im Unglück als Mann, im Glück als Mensch. (307a)

Auf die Frage, wann ein Mensch gut gestimmt sei, antwortete der Historiker Herodot: «Wenn er nicht zu viel auf einmal tut.» (309)

Simonides sagte, nur das Leid mache die Menschen lebensklug, denn bloß die wenigsten vermöchten durch Vernunft vorauszusehen, was kommt; die meisten benötigten schmerzhafte Erfahrung. (511)

Der weise Chilon sah jemanden über die Übel trauern, die ihn befallen hatten, und sagte ihm: «Betrachte erst einmal den Kummer anderer Menschen, dann wirst du deinen leichter tragen.» (549)

Superlative und Rekorde

Auf die Frage, was dem Menschen am schädlichsten sei, antwortete Anacharsis: «Seinesgleichen.» (18)

Gefragt, was das Schwerste im Leben sei, sagte Aristoteles: «Das Schweigen.» (58)

Alexander sagte, die beste Schlafdecke sei die Mühe. (79)

Auf die Frage, welches der größte Vorteil sei, der aus dem Herrschen erwachse, antwortete Alexander: «Daß man hinter niemandem im Wohltun zurückstehen muß.» (101)

Nach dem klügsten Tier gefragt, nannte Äsop von den nützlichen die Biene, von den nutzlosen die Spinne. (126)

«Was altert am schnellsten?» Aristoteles: «Das, worüber man sich freut.» (138)

Auf die Frage, was standhafter sei als ein Standbild, erwiderte Aristoteles: «Ein Stiesel.» (= Flegel). (145)

«Was ist das Schwerste im Leben?» Demosthenes meinte: «Allen gefallen.» (221)

Nach dem schönsten Lebewesen gefragt, nannte Demetrios den gebildeten Menschen. (259)

Als den besten Helfer bezeichnete Demetrios die Gelegenheit. (260)

Auf die Frage, wie ein Jüngling am leichtesten Fehler vermeide, erwiderte Zeno: «Indem er sich die Menschen, die er am meisten verehrt, vor Augen führt und sich schämt.» (304)

Als kürzesten Weg zur Anerkennung bezeichnete Heraklit den Anstand. (315)

Thales wurde gefragt, welches das älteste Wesen sei. «Gott, denn er wurde nicht geschaffen.» Was das schönste? «Die Welt, denn sie ist Gottes Werk.» Das größte: «Der Raum, denn er umfaßt alles.» Das schnellste? «Der Gedanke, er überholt alles.» Das stärkste? «Die Notwendigkeit, sie beherrscht alles.» Das weiseste: «Die Zeit, sie entdeckt alles.» (320)

Vor einem Gelage – das Essen war noch nicht aufgetragen – stritten Jünglinge darüber, welches das beste Wasser auf der Welt sei. Die einen sagten: das Wasser der Peirene-Quelle in Korinth, die anderen: das der Arethusa-Quelle von Chalkis. Man fragte Theokrit, wem er zustimme. Er sagte: «Mir erscheint das Wasser zum Händewaschen am besten.» (339)

Auf die Frage, welches die gefährlichste Jagd sei, erwiderte Theokrit: «In den Bergen die Jagd auf Bären und Löwen, in den Städten die Jagd durch Steuerbeamte und Denunzianten.» (344)

Auf die Frage, warum er es von allen Epikureern am weitesten gebracht habe, erwiderte Metrodoros: «Weil ich am frühesten angefangen und am spätesten aufgehört habe, Epikur zu lauschen.» (408)

Der Dichter Persinos wurde nach dem besten Dichter gefragt. Er sagte: «Jeder Dichter hält sich selbst für den größten, für den zweitgrößten aber Homer.» (454)

Pittakos fragte Bias: Was ist das Schwerste im Leben? «Sich selbst erkennen!» Und das leichteste? «Andere tadeln.» (456)

Pythagoras empfahl, die beste Lebensweise zu wählen. Sie werde angenehm durch Gewohnheit. (461)

Der Philosoph Sokrates wurde gefragt, was die erfreulichsten Dinge im Leben seien. Er sagte: «Die Bildung, die Tugend und die Erforschung des Unbekannten.» (470)

Sokrates wurde gefragt, wer ihm am reichsten scheine. Er erwiderte: «Wer am wenigsten bedarf. Genügsamkeit ist der Reichtum der Natur.» (476)

Simonides erwiderte auf die Frage, wie man am sorglosesten lebe: «Kein Mitleid und keinen Neid wecken!» (510)

Auf die Frage nach der größten Überraschung im Leben antwortete Chilon: «Wenn jemand, der zu Macht und Vermögen gekommen ist, sich selbst kennenlernt.» (550)

Was ist das Wichtigste im Leben? fragte man Chilon. Er sagte: «Von nichts zuviel.» (552)

Nach den schwierigsten Aufgaben befragt, sagte Chilon: Geheimnisse wahren, die Muße nutzen und Unrecht ertragen. (554)

Xanthippe wurde gefragt, was das Beste an Sokrates wäre. «Daß er zu Gutem und Schlechtem dieselbe Miene macht.» (573)

Als ein Spartaner sich brüstete, als einziger aus der Schlacht entkommen zu sein, fragte seine Mutter: «Und du schämst dich nicht, als einziger weiterzuleben?» (575)

Spott und Hohn

Alexander sah, wie sich ein Alter die Haare ölte, da meinte er: «Der sollte sich nicht die Haare, sondern die Knie ölen.» (95)

König Alexander füllte einst einen Teller mit Knochen und sandte ihn dem Kyniker Diogenes. Der nahm sie und bemerkte: «Kynisches Fressen, aber keine königliche Gabe.» (96)

Diogenes bat Alexander um eine Drachme. «Das ist kein Geschenk für einen König», meinte der. Darauf jener: «Dann gib ein Talent.» Worauf Alexander: «Das ist keine Forderung für einen Kyniker.» (104)

Als sich jemand beim Gelage unfreundlich zu Bias benahm und sagte: «Ich werde mich dir zuliebe erheben», antwortete Bias: «Ich werde dir zuliebe gehen.» (152)

Diogenes sah eine kleine Stadt mit großen Toren. «Schließt sie», sagte er, «sonst läuft euch die Stadt weg.» (168)

Diogenes sah ein weggeworfenes Messer und fragte: «Wer hat dich oder wen hast du zur Seite gebracht?» (170)

Dem eingebildeten Sohn einer flötenspielenden Hetäre sagte Diogenes: «Du leistest im Blasen mehr als deine Mutter.» (173)

Als er auf dem Markte aß, nannten die Leute Diogenes einen Hund. «Auch ihr seid Hunde», sagte er, «denn die pflegen anderen beim Essen zuzuschauen.» (175)

Als Diogenes einen Jüngling sah, der sich viel auf sein kostbares Gewand einbildete, sagte er: «Wirst du nicht endlich aufhören, dich wegen einer Sache zu brüsten, auf die ein Schaf stolz sein könnte?» (177)

Diogenes sah, wie der Sohn einer Hetäre Steine in eine Menschenmenge warf. Da sagte er: «Laß das, du könntest deinen Vater treffen.» (178)

Diogenes sah jemanden von fern in krummer Haltung kommen. Als er nahe war, sagte er zu ihm: «Mensch, ich glaubte, du hättest schwer zu tragen.» (199)

Als Demosthenes verspottet wurde, er verzichte aus Geiz auf den Wein, sagte er: «Ich verbrauche nachts mehr Lampen-Öl zum Schreiben und Lesen, als du Wein zum Trinken.» (204)

Als ein wohlgestalteter, aber liederlicher Knabe Demosthenes beschimpfte und sagte: «Wenn ich so von den Bürgern gehaßt würde wie du, würde ich mich erhängen», antwortete der: «Das täte ich, wenn ich so wie du von ihnen ‹geliebt› würde.» (214)

Einen ungebildeten Reichen nannte Demosthenes: «Von Fortuna ausgekotzt.» (216)

Demosthenes sagte einem schlechten Ringkämpfer, der sich als Arzt betätigte: «Jetzt hast du endlich die Methode gefunden, mit der du viele niederwirfst.» (226)

Jemand traf Euripides beim Einkaufen und sagte ihm: «Sophokles läßt das durch seinen Sklaven besorgen.» Darauf erwiderte Euripides: «Wahrlich, Sophokles speist auch, wann es seinem Sklaven beliebt, ich aber, wann es mir gefällt.» (275)

Von den Bürgern an den Arsch des Heeres versetzt, bemerkte Epaminondas: «Nicht mir habt ihr die Ehre genommen, sondern dem Orte habt ihr sie durch mich gegeben.» (282)

Eumonidas, der Thebaner, hatte verkrüppelte Füße. Als ihm die Schuhe gestohlen wurden, betete er: «Mögen sie dem Diebe passen!» (284)

Der Arzt Erasistratos traf einen, der im Fieber tafelte. Als er ihn fragte, was er da tue, sagte der: «Zum Vergnügen ruiniere ich mich.» (287)

Als die Bürger von Chios Theokrit verwehrten, sein Standbild an der Stoa aufzustellen, weil dort künftige Olympiasieger-Statuen hinsollten, sagte er: «Wenn wirklich einer von euch einmal einen Olympiasieg erringt, dürft ihr mein Bild auf den Trödelmarkt bringen.» (340)

Theokrit wurde zum Gastmahl eines Schlemmers geladen, der sein Gut verkauft und aufgezehrt hatte. Dieser brachte eine heiße Speise herein, die ihm, wie er sagte, den Gaumen (= Himmel) verbrannt habe. Darauf Theokrit: «Nachdem du die Erde verzehrt und den Himmel (= Gaumen) verbrannt hast, fehlt nur, daß du den Ozean austrinkst.» (341)

Als Philoxenos böse und bissig mit Theokrit stritt, sagte der: «Willst du dich mit mir messen, oder willst du mich fressen?» (342)

Als ein schlechter Redner sich rühmte, niemals Geschenke angenommen zu haben, bemerkte Theokrit: «Dir würde auch niemand etwas verehren, denn du nähmest mit größter Freude selbst den Stiel einer Feige.» (346)

Als Anaximenes beim Vorlesen eines langen Buches sich schließlich dem Ende näherte, rief Theokrit mit lauter Stimme: «Mut, ihr Männer! Land in Sicht!» (348)

Theokrit sah einen Astronomen stolpern. Da sagte er: «Die Dinge am Himmel siehst du, nicht die auf Erden.» (349)

Antipatros, der Sophist, hatte in seiner Schule viele Bänke (bathron), aber nur einen Schüler. Darum nannte der Philosoph Theodektes ihn Antibathros. (353)

Ibykos, der Liederdichter, beneidete Äsop, der wegen seiner Lügengeschichten hoch angesehen war, und sagte: «Dafür wird man ihm keinen Glauben schenken, wenn er einmal die Wahrheit berichtet.» (366)

Die Thebaner brüsteten sich vor dem Thrakerkönig Kotys mit ihrem Sieg über Sparta. Da sagte der: «Sturzbäche führen viel Wasser, aber nur für kurze Zeit.» (374)

Krates gab einmal seinem Freunde Zenon von Kition einen Topf mit Linsensuppe zum Tragen. Um sein Ansehen bedacht, verbarg Zenon den Topf vor den Augen der Menge. Da schlug Krates mit dem Stock das Gefäß entzwei, daß dem Zeno die Suppe die Beine herablief und er errötete. Da sagte Krates: «Keine Angst, mein Rotfuchs, es ist keine Schande, sondern Suppe.» (384)

Alexander berief Krates nach Makedonien und verkündete ihm, er werde Theben, die Vaterstadt des Philosophen, wieder aufbauen. Da sagte dieser: «Ich brauche eine solche Heimat nicht, die ein anderer Alexander wieder zerstören kann.» (385)

Lysipp sah ein schlechtes Standbild und beurteilte es als «schwer zu tadeln». Warum? «Man weiß nicht, mit welchem der zahlreichen Fehler man anfangen soll.» (400)

Ein schlechter Maler sagte zu Menander: «Laß dein Haus tünchen, damit ich es bemalen kann.» Darauf jener: «Lieber nicht. Bemal es erst, danach werde ich es tünchen.» (405)

Ein schlechter Arzt rühmte sich vor Nikokles seiner Heilkunst. Da sagte der: «Wie sollst du auch anders reden, da deine Opfer dich nicht mehr zur Rechenschaft ziehen können?» (411)

Nikokles pries die Ärzte glücklich. Ihre Erfolge sehe die Sonne, ihre Mißerfolge decke die Erde. (412)

Xenophon der Philosoph bat einen Reichen um eine milde Gabe. Der beschenkte stattdessen einen Behinderten. «Recht so», meinte jener, «denn du gedenkst selbst einst eher ein Behinderter als ein Philosoph zu sein.» (413)

Dionysios wies Platon wegen dessen Freundschaft zu Dion einmal auf den untersten Platz beim Gelage und sagte: «Du siehst, Platon, ich kann auch Ehre nehmen.» Darauf jener: «Nicht der Platz macht den Mann, sondern der Mann den Platz berühmt.» Ein andermal sprach Dionysios mit Platon, der im Streit von ihm schied: «Jetzt wirst du wohl, Platon, nach deiner Ankunft in Athen eine Menge über mich erzählen.» Darauf jener: «Gott bewahre! Wir werden in der Akademie doch nicht so an Gesprächsstoff leiden, daß wir über dich reden müssen!» (440)

Diogenes lud Platon auf dem Markt zum «Speisen». Da sagte der: «Wie schön wäre deine Natürlichkeit, wäre sie nicht erkünstelt.» (445)

Pylades aus Messenien sah einen amtierenden Rechtsgelehrten Gesetze studieren, da sagte er: «Spät machst du das!» (465)

Protagoras wurde von einem Dichter gescholten, weil er dessen Gedichte verschmähte. Da sagte er: «Lieber höre ich deine Schelte als deine Gedichte.» (468)

Als jemand für seine Schwimmkünste bewundert werden wollte, fragte Sokrates, ob er sich nicht schäme, zu tun, was eher einem Delphin als einem Menschen anstehe. (494)

Stilpon sagte, die Standhaftigkeit toter Bronzebilder werde vom Stumpfsinn lebender Menschen übertroffen. (516)

Stratonikos sah den prächtigen Eingang zu einem Privathaus, klopfte an die Tür und fragte, als geöffnet wurde: «Ist Agamemnon zu Hause?» (519)

In Syrakus wurde Stesichoros einmal vom Tyrannen Dionysios zu Tisch gebeten. Der Wein war schlecht, aber erschien den Anwesenden köstlich. Dionysios merkte den Unwillen des Gastes und sagte: «Der Wein ist aus Petrai (Steinen).» Darauf jener: «Ich hätte auch nicht geglaubt, daß er aus Reben ist.» (521)

Stratonikos verspottete Theben, indem er sagte: «Ist eine solche Stadt noch zu retten, wo der Kohl unter dem Dach und das Mehl im Freien verkauft wird?» (522)

Ein Leierspieler musizierte miserabel vor Stratonikos und fragte ihn, was ihm am besten gefallen hätte. Da sagte er: «Das vor dem Präludium.» (523)

Stratonikos sah, wie sich ein schlechter Arzt mit einem Pferdearzt unterhielt, und sprach: «Der wird sagen: ‹Du nun töte die Männer, ich werde die Rosse versorgen›» (Ilias X 481). (524)

Stratonikos besuchte das Haus eines Dichterlings, der seine Machwerke an die Wände geschrieben hatte. Da sagte er: «Den Mist, den andere machen, verbergen deine Wände, den Mist, den du machst, zeigen sie.» (525)

«Warum essen die Thebaner so viel?» Stratonikos darauf: «Weil sie Drachenzähnen entsprossen sind.» (526)

Stratonikos kam nach Italien und trank schlechten Wein. Als er sah, wie die Weinstöcke zwischen den Bäumen aufgehängt waren, sagte er: «Reben, die solchen Wein hervorbringen, werden mit Recht gehenkt.» (530)

Stratonikos wurde im Bad von einem Knecht massiert, der sagte, er habe einen kalten Körper. Stratonikos erwiderte: «Weil du dir die Hände an mir wärmst.» (531)

Timon, der Menschenfeind, wurde einst in der Einsamkeit aufgesucht. Der Besucher sagte: «O Timon, wie herrlich ist die Einsamkeit.» Seine Antwort: «Wenn du nicht da wärest.» (535)

Jemand sagte zu König Philipp: «Die Männer von Athen hassen dich.» Darauf er: «Ebenso die Weiber in Makedonien.» (541)

Als die Milesier eine Verlegenheitsgesandtschaft zu Philipp schickten, sagte er: «Ich grüße euch, Karer.» Sie erwiderten, sie seien keine Karer, sondern Ioner. Darauf Philipp: «Also grüße ich euch Karioner (Kümmelgriechen).» (542)

Philoxenos sagte, bei den meisten Menschen sei das Ohr mit der Zunge, aber nicht mit dem Hirn verbunden, denn bevor sie richtig zugehört haben, reden sie unverstandenes Zeug. (547)

Philoxenos sah einen Burschen erröten: «Nur Mut!» sagte er, «Rot ist die Farbe der Tapferkeit.» (548)

Als jemand den Lykurg beschimpfte, sagte dieser: «Verschlucke nichts, gib alles von dir. So kannst du vielleicht deine Seele von dem Unrat befreien, der sie füllt.» (558a)

Lehren und Ratschläge

Auf die Frage eines Mannes, was er seinen Sohn lehren solle, sagte Antisthenes: «Wenn dir an seinem Umgang mit Göttern liegt, Philosophie, wenn am Umgang mit Menschen, Rhetorik.» (7)

«Die Tugend», sagte Antisthenes, «macht wenig Worte, die Schlechtigkeit findet ihrer kein Ende.» (12)

Als Antisthenes von den langen Reden Platons in der Schule hörte, sagte er: «Nicht der Redner setzt dem Hörer das Maß, sondern der Hörer dem Redner.» (13)

Anacharsis würfelte und wurde getadelt, weil er Kinderspiele treibe. Da sagte er: «Wenn man den Bogen immer gespannt hält, bricht er. Entspannt man ihn, so bleibt er ein ganzes Leben über benutzbar. So ermüdet auch der Verstand, der immer dasselbe treibt.» (17)

Aristipp, der Philosoph aus Kyrene, fuhr nach Athen und erlitt Schiffbruch. Als die Athener ihn fragten, was er nach der Heimkehr seinen Landsleuten erzählen werde, sagte er: «Man soll nicht mehr auf die Reise mitnehmen als das, was man aus einem Schiffbruch mühelos retten kann.» (23)

Als Platon den kranken Aristipp besuchte und sich erkundigte, wie es gehe, sagte dieser: «Der eine hat Fieber und ist in Ordnung, der andere hat kein Fieber und ist nicht in Ordnung.» (30)

Als Archidamos, der Spartanerkönig, seinen Sohn allzu ungestüm gegen die Athener kämpfen sah, meinte er: «Entweder solltest du mehr Kraft oder weniger Mut haben.» (60)

Gefragt, wie er so viele Dinge in so kurzer Zeit vollbracht habe, antwortete Alexander: «Indem ich nichts aufgeschoben habe.» (74)

Alexander befolgte die Lehre: Wenn du zu Land reisen kannst, so reise nicht zu Wasser. Jeden Tag mach dein Testament. Vertraue einer Frau kein Geheimnis an. Zürnst du jemandem, so triff keine Entscheidung, eh du nicht die vierundzwanzig Buchstaben des Alphabets aufgesagt hast. (102)

Anaxagoras (wegen Gottlosigkeit von den Athenern verbannt) antwortete auf die Frage, wozu er auf der Welt sei: «Um sie zu erkunden.» Als ihm jemand sagte, die Stadt Athen habe er dadurch verloren, erwiderte er: «Sie mich.» (114)

Ariston empfahl, man möge die Mühen der Gesunden auf sich nehmen, sonst müßte man die der Kranken tragen. (123)

Äsop wurde gefragt, warum die Wildpflanzen rasch wüchsen, die Gartenpflanzen aber nur langsam. Er antwortete: «Im ersten Falle ist die Erde ihre Mutter, im zweiten ihre Stiefmutter.» (125)

Von einem Jüngling beim Wein beleidigt, sagte Anacharsis: «Verträgst du den Wein in der Jugend nicht, so trägst du Wasser im Alter.» (133)

Einem Jüngling, der viel vorgab, aber wenig verstand, sagte Aristoteles: «Mein Junge, was du zu sein meinst, bin ich wirklich. Was du aber wirklich bist, das entspricht dem, was meine Gegner darstellen.» (140)

Bias, der Weise, nannte als Mittel gegen Furcht das gute Gewissen. (147)

Nach der rechten Zeit zum Essen gefragt, sagte Bias: «Für den Reichen, wann er will, für den Armen, wenn er was hat.» (156)

Als jemand dem Diogenes vorhielt, daß er Kuchen äße, obschon er ein Philosoph sei, antwortete er: «Philosophen essen von allem, aber nicht so wie andere.» (188)

«Dreifachsklaven» nannte Diogenes die Menschen: Opfer der Eßlust, der Liebeslust und der Schlaflust. (195)

Als einer der Freunde dem Diogenes riet, jetzt im hohen Alter etwas gemächlich zu tun, antwortete dieser, das wäre geradeso, als wenn er das einem Wettläufer kurz vor dem Ziele riete, wo es doch gerade darauf ankomme, alle Kräfte anzufeuern. (202)

Den allzu eifrigen Lobrednern Philipps sagte Demokrates: «Wollt ihr nicht aufhören, die unsterblichen Schmarotzer eines sterblichen Körpers zu spielen?» (249)

Demetrios von Phaleron sagte: «Die Urteile der Leidenschaft sind blind wie junge Hunde.» (253)

Euripides zeigte beim Theaterwettkampf nicht dann Unmut, wenn er von einem anderen besiegt wurde, sondern dann, wenn er ein Stück lieferte, das schlechter war als ein früheres von ihm selbst. (269)

Als Euklids Bruder im Zorn sagte, er stürbe nicht eher, als er Euklid überwunden habe, antwortete dieser, er sterbe nicht eher, bis er ihn wieder freundlich gestimmt habe. (278)

Empedokles, der Naturforscher, erwiderte jemandem, der erklärte, niemanden weise befunden zu haben: «Zuerst muß der Suchende selber weise sein.» (283)

Erasistratos meinte, die Stärke eines Menschen komme nicht von dem, was er verschlinge, sondern von dem, was er verdaue. (288)

Als Ariston Zeno fragte, auf welchem Wege er Weisheit erlangen könne, sagte dieser: «Indem du den Besseren nachfolgst, den Schlechteren vorausschreitest und mit allen anderen auf gleichem Fuße verkehrst.» (301)

Heraklit sagte: «Ungeprüfte Meinungen hindern den Fortschritt.» (306)

Heraklit sagte: «Schlechte Zeugen sind Ohren und Augen von Menschen ohne Verstand.» (311)

Als Theophrast jemanden seine Fehler heftig bereuen sah, sagte er: «Hättest du diese Reue vor der Tat verspürt, so hättest du den Fehler vermieden.» (329)

Die Abderiten beratschlagten, wie sie die Thraker besiegen könnten. Da riet ihnen Theokrit, den Arzt Charmides zum Feldherrn zu wählen, den gegenwärtigen Feldherrn dagegen zum Arzt zu machen, denn dieser habe noch keinen Feind getötet, jener aber die Stadt reich an Menschen gemacht. (343)

Drei Ziele habe er mit seiner Rede verfolgt, sagte Isokrates: «Nutzen für die Einsichtigen, Belehrung für die Unerfahrenen, Ärger für die Neidischen.» (361)

Isokrates sagte, ein tüchtiger Mann sollte sich des Vergangenen erinnern, das Gegenwärtige anpacken, das Künftige vorsichtig erwägen. (363)

Cicero sagte: «Gut handeln ist eine einfache Wohltat, gut reden und gut handeln eine doppelte.» (380)

Krates empfahl den Menschen, vernünftig zu werden oder sich aufzuhängen. (386)

Zu Menedemos sagte ein Jüngling: «Es ist eine große Sache, das zu erhalten, was man sich wünscht.» Darauf jener: «Es ist eine größere Sache, das nicht zu wünschen, was man nicht benötigt.» (407)

Metrodoros erklärte: «Einmal wurden wir geboren, ein zweites Mal geschieht das nicht. Unsere Lebenszeit ist begrenzt. Du bist nicht Herr über den morgigen Tag und verscherzest den heutigen. Das Leben der Leute vergeht über Absichten, und so sterben wir alle, ohne Muße erlebt zu haben.» (410)

Oinopides sah einen Burschen viele Bücher kaufen. Da sagte er: «Nicht fürs Regal kaufe, sondern für den Kopf!» (420)

Ein Pfau sollte zum Festmahl geschlachtet werden. Er entfaltete seinen Schwanz und sagte: «Wenn du siehst, daß ich viel Fleisch habe, dann schlachte mich; da ich aber durch die Buntheit meiner Federn geziert werde, schone das wenige Fleisch, das einen solchen Schmuck trägt.» (422)

«Tugend ist herrenlos», sagte Platon. (423)

Platon sah, wie jemand seinen Vater verachtete. Da sagte er: «Willst du nicht aufhören, auf den herabzusehen, dem du verdankst, dies zu können?» (429)

Platon gebot den Jünglingen dreierlei: in ihren Meinungen Umsicht, in ihren Reden Zurückhaltung, in ihrem Auftreten Rücksicht. (433)

Platon zog oft Wasser aus dem Brunnen und goß es wieder aus, obwohl er Durst hatte. So wollte er seine Begierde zähmen. (435)

Platon zürnte einem Sklaven und wollte ihn prügeln. Als Xenokrates hinzutrat, sagte er diesem: «Nimm du ihn und züchtige ihn, ich bin zu wütend.» (436)

Platon sagte: «Der Tüchtige sucht kein langes Leben, sondern ein leuchtendes.» (448)

Periander, der Weise, antwortete auf die Frage, was Freiheit sei: «Ein gutes Gewissen.» (450)

Perikles verglich das Menschenleben dem Meere: Bei Windstille ist es heiter, ein Sturm aber wühlt es auf. (453)

Der Weise Pittakos sagte: «Kluge Männer denken im voraus an mögliches Übel, um es zu vermeiden; tapfere Männer wissen es zu beheben, wenn es eingetreten ist.» (455)

Pittakos wurde von jemandem beleidigt und hatte die Gelegenheit, ihn zu strafen. Da sagte er: «Verzeihung ist besser als Rache – Rache verrät eine ungebändigte, Verzeihung eine gebändigte Natur.» (457)

Ein Sohn klagte seinen Vater bei Pittakos an. Da sagte dieser zu ihm: «Wenn du Gerechtigkeit gegen deinen Vater beanspruchst, verdienst du, eben deswegen verurteilt zu werden. Wenn du aber selbst im Unrecht bist, so trifft dich die Schuld erst recht.» (458)

Pythagoras sah einen sportlichen Jüngling, der seinen Körper mit Wein, Fleisch und hartem Training abhärtete, und sagte: «Guter Geist! Hör auf, dein Gefängnis derart zu befestigen!» (464)

Auf die Frage, wie man ein verbotenes Wort für sich behalten könne, antwortete Sokrates: «So wie man eine glühende Kohle auf der Zunge bewahren kann.» (475)

Sokrates sagte: «Andere leben, um zu essen. Ich esse, um zu leben.» (479)

Als Sokrates zur Unzeit angeschwatzt wurde, sagte er: «Es ist besser, mit dem Fuße auszugleiten als mit der Zunge. Jenes bringt allenfalls einen Flecken in den Mantel, den man wieder herauswaschen kann, dieses aber hat einen dauernden Makel zur Folge, denn das Gesagte ist nicht wieder ungesagt zu machen.» (483)

Als die Freunde dem Sokrates allerlei Sachen zum Essen schickten, Xanthippe aber nichts zubereitete, sagte Sokrates: «Achte darauf, daß wir die Geschenke gerne annehmen und nicht am Ende bittend hinter den Schenkern herlaufen.» (486)

Nach einem Symposion goß Sokrates den letzten Wein auf die Erde. Da tadelten ihn einige, daß er den Wein verderbe. Er antwortete: «Wenn ich ihn austrinke, verderbe ich ihn ebenfalls, aber außerdem verdirbt er mich dazu.» (488)

Sokrates meinte, alle Dinge seien für diejenigen Menschen da, die sie zu nutzen verstehen. (490)

«Warum schreibst du deine Lehren nicht auf, Sokrates?» «Weil die ungeschriebenen höher geschätzt werden.» (499)

Solon tadelte einen Würfler. Der verteidigte sich: «Ich verliere nur wenig Geld.» Darauf Solon: «Aber viel Zeit.» (502)

Das Alphabet des Übels, meinte Timon, hat nur zwei Buchstaben: «Habgier und Ruhmsucht». (536)

Philipp verbarg manche seiner Pläne so sorgfältig, daß, wie er sagte, nicht einmal sein Hemd etwas davon wußte. (544)

Der Philosoph Orion sagte: «Was du nicht willst, das man dir tu, das füg auch keinem anderen zu.» (562)

Ein junger Spartaner brachte aus einer Schlacht ein lahmes Bein mit und war darüber betrübt. Seine Mutter tröstete ihn: «Ärgere dich nicht, mein Kind, jeder Schritt wird dich an deine Tapferkeit erinnern.» (568)

Wort und Rede

Aristipp sah jemanden zürnen und mit Wörtern toben, da sagte er: «Man sollte die Wörter nicht benutzen, um den Zorn auszulassen, sondern um ihn zu beschwichtigen.» (38)

Als Aristoteles jemanden unter dem Zorn seines Vaters leiden sah, bemerkte er: «Sieh nicht auf die Worte, mein Junge, sondern auf das Herz.» (54)

Aischines erlebte einmal, wie die Richter bei seiner Gerichtsrede schliefen. «Aufgepaßt, ihr Richter», sagte er, «ihr werdet mich jetzt im Traum eine Gerichtsrede halten sehen!» (63)

Der Dichter Antagoras hielt in Theben einen Vortrag, bekam aber keinen Ehrenpreis. Da sagte er: «Odysseus tat Unrecht, als er seinen Gefährten angesichts der Sirenen die Ohren verstopfte, er hätte Thebaner anheuern sollen.» (106)

Antagoras aus Rhodos las in Theben sein Gedicht ‹Thebais› vor, aber man gab kein Beifallszeichen von sich. Da rollte er sein Buch zusammen und sagte: «Mit Recht heißt ihr Böoter, denn ihr habt Ohren von Rindern (bous).» (109)

Antagoras kam nach Trichonien in Aitolien und las aus seinen Werken. Als niemand klatschte, sagte er: «Ganz richtig, ihr Männer, tragt ihr den Namen eurer Stadt, denn dreifach seid ihr Esel (tricha onoi).» (110)

Antagoras meinte, es sei besser, in der Wüste zu reden als vor gleichgültigen Hörern, denn dort habe man wenigstens im Echo eine Antwort, hier aber gehe sogar die Stimme unter. (111)

Ariston verglich jene, die ihre Reden ablesen, mit löwenköpfigen Wasserspeiern. Diese sprudeln, solange es regnet. Hat es aber aufgehört, so stehen sie mit offenem Munde da, ebenso die Ablesenden, wenn sie keinen Text mehr vor sich haben. (122)

Auf die Frage, was dem Menschen zugleich nütze und schade, entgegnete Anacharsis: «Die Zunge.» (131)

Anacharsis sagte: «Die Dinge gewinnen ihre Kraft nicht aus den Worten, sondern umgekehrt, denn Worte werden den Dingen entsprechend gestaltet.» (134)

Anacharsis lobte den, der Zunge, Bauch und Geschlecht beherrsche, vor allem die Zunge. Dies zeigte er auch im Schlaf. Als er einst bei Solon saß und eingeschlafen war, sah man, wie er die rechte Hand auf den Mund, die linke auf den Bauch hielt und damit klar machte, daß die Herrschaft über die Zunge wichtiger sei als über den Magen. (136)

Als jemand dem Bias vorhielt: «Bei einer solchen Abstammung wagst du zu reden?», erwiderte dieser: «Mein Stammbaum beginnt mit mir.» (151)

Gorgias verglich die Rhetoren mit den Fröschen. Diese lärmten im Wasser, jene vor der Wasseruhr. (167)

Diogenes sagte einem, der ihn schmähte: «Mir wird man nicht glauben, wenn ich über dich Gutes sagte, und dir nicht, wenn du über mich Schlechtes erzählst.» (186)

Als der Dialektiker Polyxenos ungehalten darüber war, daß man Diogenes einen Hund nannte, sagte dieser: «Auch du sollst mich einen Hund nennen, denn Diogenes ist nur mein Beiname. Ich gehöre zu den Rassehunden, die ihre Freunde bewachen.» (194)

Der Redner Demosthenes verbat sich den Wein (er sei vielleicht für den Körper, sicher nicht für den Geist gut), um seinen Verstand zu schärfen und sein Gedächtnis zu verbessern. (203)

Die Denunzianten bezeichnete Demosthenes als «Kleiderdiebe, die bei Tage stehlen». (205)

«Schmeichler unterscheiden sich von Raben darin», sagte Demosthenes, «daß sie nicht Leichen, sondern Lebende fressen.» (206)

Als ein Bursche beim Gelage Possen riß und gar nicht aufhören wollte, sagte Demosthenes: «Mein Junge, wer dir das Lallen beigebracht hat, hätte dich auch das Schweigen lehren sollen.» (207)

Ein Schuster lärmte in der Volksversammlung. Da sagte Demosthenes (der Gegner des Demades): «Ich habe einen anderen Sandalenflicker (Hypodemades) gefunden.» (208)

Als jemand den Demosthenes beschimpfte, er fasele im Suff, antwortete er: «Und du faselst sogar, wenn du nüchtern bist.» (210)

Als ein soeben Sechzigjähriger sagte, er sei noch nie so schwach gewesen, bemerkte Demosthenes: «Du bist ja auch noch nie sechzig gewesen.» (215)

Jemand pries den Kleandros, er sei ein guter Redner, nur schwach im Vortrag. Da sagte Demosthenes: «Das ist, wie wenn man einen Brunnen lobte, aber einräumte, daß er kein trinkbares Wasser enthalte.» (217)

Auf die Frage, welche Streitrede er am liebsten halte, erwiderte Demosthenes: «Die, bei der die Athener wohlwollend zuhören.» (218)

Nach seiner besten Waffe gefragt, nannte Demosthenes «das Wort». (219)

Als ein Bursche Demosthenes zu einer Redeübung rief, sagte der: «Das wäre für dich zu wünschen, für mich zu beklagen.» (220)

Man berichtete Demosthenes, Philipp von Makedonien schimpfe auf ihn. Da sagte er: «Wenn ich nicht dabeisein muß, darf er mich sogar schlagen.» (222)

Die Vornehmen sagten zu Demosthenes: «Das Volk hört nicht auf dich!» «Das wird es aber bald tun und nicht zulassen, daß ich schweige.» (225)

Als die Richter einmal tobten, fragte Demosthenes, was das wohl für ein Verfahren sei, bei dem der Verurteilte schweige, aber die Richter redeten. (227)

Nach einer glänzenden Rede in Athen setzte sich Demosthenes und sah, wie sich Demades erhob. Da sagte er: «Jetzt erhebt sich der Hammer gegen meine Worte.» (228)

Auf die Frage, wer ihn zum Redner gemacht habe, erwiderte Demosthenes: «Die Tribüne Athens.» (230)

Demades wurde von einem Jüngling auf gemeine Weise angegriffen. Darauf bemerkte er: «Bursche, deine Zunge wächst nicht aus dem Munde, sondern aus einem Hurenhause.» (237)

Demades verglich Demosthenes mit einer Schildkröte, die nicht richtig schläft und nicht wirklich wach wird. (238)

Demades nannte den Tadel eine «Seelenpeitsche für die Menschen». (240)

Als Demades einmal in einem Wirtshaus Unrecht erlitten hatte, führte er beim Gerichtsverfahren als Zeugen die Wirtsleute an. Die Richter erklärten diese für nicht vertrauenswürdig. Da sagte Demades: «Dort hat aber die Sache stattgefunden; wäre es freilich im hölzernen Pferd geschehen, so könnte ich als geeignete Zeugen Menelaos, Diomedes und Odysseus herbeibringen.» (241)

Als Demades einmal einen schweren Tag vor einer Volksversammlung hatte, sagte er: «Ich weiß, daß ihr keinem Redner das Essen gönnt, den ihr nicht von der Tribüne herabgeschrien habt.» (243)

Demades sagte, nicht nur der Sprecher, sondern auch die Hörer hätten bisweilen einen schlechten Tag. (246)

In der Volksversammlung niedergeschrien, bemerkte Demades: «Ihr hindert nicht mich am Reden, sondern euch am Hören.» (247)

Auf den Vorwurf, für einen Prozeß einen Redner gemietet zu haben, erwiderte Euripides, er miete auch für ein Festmahl einen Koch. (270)

Euxitheos aus Athen nannte die in Worten, aber nicht in Taten brauchbaren Menschen «hervorragende Traumerscheinungen». (286)

Erasistratos nannte die Medizin «die Schwester der Philosophie». So wie diese die seelischen Krankheiten, heile jene die körperlichen. (289)

Als jemand dem stoischen Philosophen Zeno vorhielt, was er sage, sei unglaublich (paradoxon), antwortete er: «Aber nicht unvernünftig (paralogon).» (295)

Als ein schlechter Tragödiendichter rezitierte und ein Jüngling sagte, er werde gehen, erklärte Hegesias: «Nicht vor mir», und ging. (308)

Heraklit sagte: «Üble Menschen sind Widersacher der Ehrlichen.» (313)

Man fragte Thales, was schwierig sei. «Sich selbst erkennen.» Was leicht sei? «Anderen Vorschläge machen.» Was am erfreulichsten sei? «Erfolg haben.» Was göttlich sei? «Was weder Anfang noch Ende hat.» Ob er etwas Verdrießliches gesehen habe? «Einen alten Tyrannen.» Wie man am besten ein Unglück ertrage? «Wenn man sieht, daß es seinen Gegnern noch schlechter geht.» Wie man am besten und gerechtesten lebe? «Wenn wir selbst vermeiden, was wir an anderen rügen.» Wer glücklich sei? «Wer einen gesunden Körper, ein heiteres Gemüt und ein wohlerzogenes Wesen hat.» (321)

«Lob und Tadel», meinte Theophrast, «kennzeichnen weniger den Betroffenen als den Urteilenden, der Gutes und Schlechtes auf die Menschen verteilt.» (325)

Theophrast billigte nicht, den Geliebten zu beurteilen, wohl aber, den Beurteilten zu lieben; hassen solle man mit Vernunft, nicht mit Leidenschaft. (326)

Theophrast sagte: «Lachen darf man über Worte, die den Hörenden freuen, den Redenden aber nicht entehren.» (327)

«Ein schlechter Mensch», sagte Theophrast: «freut sich weniger über sein eigenes Glück, als über das Unglück anderer.» (334)

Der Spartaner Thearides wetzte sein Schwert und sagte auf die Frage, ob es denn scharf sei: «Schärfer als eine Verleumdung.» (337)

Nach seinem Vortrag fragte ein unfähiger Dichter den Theophrast aus Chios, was ihm davon gefallen habe. «Was du weggelassen hast.» (338)

Isokrates wurde gefragt, was die Aufgabe des Redners sei. Er antwortete: «Durch Worte allzu kleine Dinge groß und allzu große klein zu machen.» (357)

Jemand sagte zu Isokrates: «Das Volk wird von den Rednern zerfleischt.» Darauf dieser: «Was Wunder, wenn ein Rabe (Korax) sich der Redekunst bemächtigt! Raben brüten Raben aus.» (358)

Isokrates sagte: «Wenn du einen Prozeß führst, miete einen Redner, denn wenn wir Freunde laden, mieten wir Köche.» (359)

Gefragt, was die Aufgabe der Redekunst sei, sagte Isokrates: «Abzuwehren den Mann, wenn er uns als erster beleidigt.» (Hom. Od. XXI 133). (360)

Kleon aus Kyzikos war ein Schwätzer. Als er von Isokrates die Redekunst erlernen wollte, forderte dieser doppeltes Lehrgeld: das erste, um ihm das Reden, das zweite, um ihm das Schweigen beizubringen. (362)

Der Historiker Kallisthenes hatte, bevor er als Höfling Alexanders dessen Taten feierte, eine griechische Geschichte geschrieben. Auf die Frage, warum diese besser ausgefallen sei, erwiderte er: «Ich habe sie hungrig geschrieben, jene aber gesättigt.» (367)

Kleanthes, der vom Faustkämpfer zum Stoiker geworden war, erklärte die Ermahnungen Zenos als seine seelischen Blessuren. (369)

Dem Trunkenbold Kleostratos warf jemand vor: «Schämst du dich nicht, betrunken zu sein!» Er erwiderte: «Schämst du dich nicht, einem Trunkenen Vorwürfe zu machen?» (371)

König Philipp rügte Kleisophos: «Immer willst du was!» Er antwortete: «Immer hast du was.» (372)

Der Athener Konon war sehr häßlich. Als Gesandter bei den Lakedaimoniern erhielt er in der Versammlung der Spartiaten, die stolz auf ihr gepflegtes Äußeres waren, kein Rederecht. Vielmehr lachten sie ihn aus und stellten sich ihm in den Weg, bis er einen Scherz machte und sprach: «Habt ihr noch nie aus einem angeschlagenen Kruge guten Wein getrunken?» Darauf gaben sie ein wenig Ruhe, und er fuhr fort: «Also haltet ein und hört ein gutes Wort aus einem ungestalten Körper.» (373)

Krates meinte, es sei besser, mit dem Fuße auszurutschen, als mit der Zunge. (382)

Krates nannte die Dichtung «einen Gewaltbetrug, verbrämt mit schönen Worten und vielen Sprüchen». (383)

«Warum schätzen die Spartaner das kurze Wort?» «Weil es dem Schweigen am nächsten steht.» (395)

Der Ringer Lamon biß seinen Gegner: «Du beißt wie eine Frau», sagte dieser. «Nein, wie ein Löwe», meinte jener. (402)

Menander, nach dem Unterschied zwischen Sophokles und Euripides gefragt, sagte: «Sophokles erheitert die Mienen, Euripides verfinstert sie.» (404)

Menander nannte den Neid eine «Seelensäge». (406)

Metrodoros sagte: «Mit dem Versprechen muß die Erfüllung verbunden sein. Wirkliche Gunst bedeutet mehr als bloße Verheißung.» (409)

Platon hörte Antisthenes eine lange Rede halten und hieß ihn schweigen. Auf die Frage, weshalb, erklärte er: «Das rechte Maß für die Rede setzt nicht der Sprecher, sondern der Hörer.» (437)

Platon sagte: «Mein Kind, willst du wohl beraten sein, so mußt du zu allererst wissen, worüber zu reden ist, andernfalls geht alles schief.» (438)

Platon wurde von jemandem beschimpft. Da sagte er: «Sprich nur weiter schlecht, gut zu reden hast du ja nicht gelernt!» (441)

Auf die Frage, was er von Diogenes halte, erwiderte Platon: «Das ist ein verrückt gewordener Sokrates.» (442)

Jemand handelte selbst unrecht, aber sprach über andere Recht. Da sagte Platon: «Er verurteilt sich selbst mit der eigenen Zunge.» (447)

Pythagoras, der Philosoph, empfahl, zu schweigen oder etwas Besseres als Schweigen zu sagen. (459)

Sokrates wurde gefragt, wie man einwandfrei argumentieren könne. Er sagte: «Indem du nichts sagst, als was du sehr genau weißt.» (482)

Sokrates nannte den Neid ein «Geschwür an der Wahrheit». (485)

Jemand fragte Sokrates: «Stimmt es, daß die Erde kugelförmig ist?» Er antwortete: «Ich habe sie noch nicht von oben gesehen.» (489)

«Wer ist größer, Homer oder Hesiod?» fragte man Simonides. Er sagte: «Hesiod ist ein Kind der Musen, Homer ein Kind der Grazien.» (514)

Stratonikos trat vor den Boiotern auf, da verließ ein Glatzkopf das Theater. Stratonikos sagte darauf: «Du geh fort! Aber die anderen bleiben, die hauptumlockten Achaier» (Ilias IX 45). (520)

Sosigenes erklärte das Verteidigen für schwerer als das Anklagen. Denn der Ankläger müsse eine nicht vorhandene Meinung durchsetzen, der Verteidiger dagegen eine vorhandene Meinung umändern. (533)

Hypereides sagte, der tüchtige Mann müsse durch Worte zeigen, was er denkt, durch Werke, was er kann. (538)

Philipp hatte im Kriege ein Schlüsselbein (kleis) gebrochen. Der Arzt, der ihn behandelte, verlangte eine hohe Summe. Da sagte der König im Scherz: «Da hast du den Schlüssel (kleis); bediene dich.» (540)

Chabrias sagte zu einem, der ihn heftig beschimpfte: «Verschweige nichts, was dir hilft!» (558)

Psittakos sagte, man solle nicht erst lieben und dann urteilen, sondern umgekehrt, ebenso wie man nicht aus Leidenschaft, sondern mit Vernunftgründen hassen solle. (561)

Eine alte Athenerin sah einen Jüngling Wein ausschütten. Da sagte sie ihm: «Du hast aus Oincus (Weinhold) einen Peleus (Erdmann) gemacht.» (566)

Eine alte Athenerin sah einen Olympiasieger Schafe hüten (nemó). Da sagte sie: «Von Olympia nach Nemea» (wo es ebenfalls Spiele gab). (567)

Eine kriegsgefangene Spartanerin sollte als Sklavin verkauft werden. Gefragt, welches Gewerbe sie verstünde, sagte sie: «Frei zu sein.» (570)

Theano die Pythagoreerin sagte: «Worüber zu reden schön ist, darüber ist zu schweigen schlecht. Und worüber zu reden häßlich ist, darüber ist es recht zu schweigen.» (574)

Olympias, die Mutter Alexanders, wurde gefragt, weshalb sie sich nicht schmücke. Ihre Antwort: «Mir genügt mein Sohn als Schmuck.» (576)

Phryne, die Hetäre, fragte einen Jüngling, der ein Feld gekauft hatte und wegen einer Krankheit fahl und bleich aussah: «Warum so grün im Gesicht? Du hast doch nicht vom Felde gefressen?» (577)

Völker und Sitten

Als Antisthenes von jemandem geschmäht wurde, weil er gar kein echter Athener sei, antwortete er: «Noch niemand hat einen korinthischen Löwen von einem attischen unterschieden, für die Echtheit des Tieres macht das nichts aus.» (10)

Anacharsis sagte: «Die Griechen handeln verkehrt, weil bei ihnen die Handwerker um die Wette laufen und die Ungebildeten zu Gericht sitzen.» (14)

Dem Vorwurf, ein Skythe zu sein, entgegnete Anacharsis: «Der Herkunft nach bin ich's, nicht nach der Lebensweise.» (15)

Als man ihm seinen Akzent vorhielt, erklärte er: «Für die Ohren der Athener spricht Anacharsis unrein, für die Ohren des Anacharsis tun das die Athener.» (16)

Gefragt, was ihm in Hellas widersinnig erscheine, antwortete Anacharsis: «Die Griechen verbrennen die Toten, die das nicht mehr wahrnehmen, und beklagen sie, wie wenn sie das doch wahrnähmen.» (20)

Geschmäht, ein Skythe zu sein, entgegnete Anacharsis: «Unter Dornen wachsen auch Rosen, und diese unterscheiden sich von jenen durch Liebreiz und Schönheit.» (22)

Beschimpft, weil er als Kyrenaier aus der Heimat verbannt sei, sprach Aristipp: «Wahrlich, Bursche, ein großes Unrecht hat mir die Heimat zugefügt, als sie mich von Afrika zu euch nach Griechenland vertrieb.» (28)

Gefragt, warum die Byzantiner so mundfertig wären, sagte Aristoteles: «Weil sie an der Mündung wohnen.» (51)

Diogenes kam nach Megara und sah die Schafe in Pelzen, wie sie von nackten Knaben gehütet wurden. Da sagte er: «In Megara ist es besser, ein Bock als ein Bursche zu sein.» (191)

Als man Euripides barbarische Aussprache vorwarf, sagte er: «Bei mir ist es die Sprache, bei euch das Leben.» (271)

Der Rhetor Hegesias wurde wegen seiner böotischen Herkunft verhöhnt. Da sagte er: «Ich weiß das, die Wohlgeborenen meiner Familie werden sich später der Abkunft von mir rühmen.» (307)

Nach Kaunos (der ungesunden Sumpfstadt) gekommen, sah er nur Menschen mit chlorgrünen Gesichtern, da sagte Theokrit: «Die Generationen der Menschen gleichen denen der Blätter» (Ilias VI 146). (345)

Bei großer Kälte fragte jemand einen nackten Skythen, ob er nicht friere. Dieser sagte: «Nein.» Als der andere sich wunderte, fragte ihn der Skythe, ob er am Gesicht fröre. Jener sagte: «Nein.» Darauf der Skythe: «Mein Gesicht geht über den ganzen Körper.» (534)

Anhang

Namenverzeichnis

Äsop, Fabeldichter phrygischer Herkunft, 6. Jh. v. Chr. S. 38, 55, 68, 78, 92, 103, 114

Agesilaos, spartanischer König, 444–360 v. Chr. S. 14, 53

Aischines, athenischer Redner und Politiker, 389–314 v. Chr. S. 52, 126

Alexander der Große, Makedonenkönig, Sohn Philipps II., 356–323 v. Chr. S. 14, 15, 19, 26, 27, 32, 37, 46, 53, 54, 55, 56, 66, 80, 81, 88, 92, 98, 103, 113, 136, 142

Alexis, in Athen lebender Komödiendichter, 372–270 v. Chr. S. 66

Alkibiades, athenischer Redner und Feldherr, 450–404 v. Chr. S. 68

Alkidamas, Rhetor und Sophist in Athen, 4. Jh. v. Chr. S. 27

Amasis, ägyptischer König, 570–526 v. Chr. S. 66

Anacharsis, Skythe aus fürstlichem Geschlecht um 600 v. Chr., einer der Sieben Weisen S. 36, 38, 46, 66, 68, 92, 112, 114, 127, 128, 144, 145

Anakreon, griechischer Lyriker, Mitte des 6. Jh.s v. Chr. S. 14, 19

Anaxagoras, ionischer Philosoph, um 500–428 v. Chr. S. 67, 113

Anaxarchos von Abdera, Sophist, 4. Jh. v. Chr. S. 66

Anaximenes aus Lampsakos, Lehrer Alexanders des Großen, 4. Jh. v. Chr. S. 14, 66, 102

Antagoras, Epiker aus Rhodos, 3. Jh. v. Chr. S. 81, 126, 127

Antigonos, vermutlich I., König von Syrien, 281–246 v. Chr. S. 74

Antipater, Reichsverweser Alexanders des Großen, gest. 319 v. Chr. S. 37, 53

Antipatros, ein unbekannter Sophist des 4. Jh. S. 102

Antiphon, vermutlich der Sophist aus Athen, Ende des 5. Jh.s v. Chr. S. 67, 74

Antisthenes, Schüler des Sokrates, 455–360 v. Chr. S. 12, 24, 36, 52, 66, 80, 112, 138, 144

Apelles, Maler, Zeitgenosse Alexanders des Großen S. 74
Archelaos, König von Makedonien 413–399 v. Chr. S. 21
Archidamos II., König der Spartaner, 476–427 v. Chr. S. 113
Arimnestos, Sohn des Pythagoras, um 500 v. Chr. S. 67
Aristeides, athenischer Staatsmann, gestorben um 467 v. Chr. S. 13, 37
Aristipp, Philosoph aus Kyrene, 435–360 v. Chr. S. 12, 13, 16, 21, 24, 25, 36, 39, 52, 74, 80, 112, 113, 126, 145
Aristogeiton, attischer Politiker, 4. Jh. v. Chr. S. 57
Ariston, stoischer Philosoph aus Chios, 3. Jh. v. Chr. S. 15, 55, 114, 116, 127
Aristoteles, Philosoph aus Stageira in Makedonien, Schüler Platons, 384–322 v. Chr. S. 14, 15, 18, 26, 27, 46, 54, 68, 74, 81, 92, 114, 126, 145
Arkesilaos aus Pitane in Aiolien, Philosoph, Begründer der mittleren Akademie, 316–241 v. Chr. S. 52, 80
Bias, Staatsmann aus Priene, 6. Jh. v. Chr., zu den Sieben Weisen gerechnet S. 27, 28, 38, 46, 74, 75, 88, 95, 98, 114, 115, 128
Bion, Wanderprediger und Philosoph,

eher Kyniker als Peripatetiker,
3. Jh. v. Chr. S. 15, 28, 68
Chabrias, athenischer Feldherr,
4. Jh. v. Chr. S. 49, 63, 141
Charmides, ein unbekannter Arzt des
4. Jh. S. 117
Chilon, eponymer Ephor 556/55 in Sparta,
einer der Sieben Weisen S. 49, 78, 90, 95, 96
Cicero, römischer Redner, Politiker und
Philosoph 106–43 v. Chr. S. 118
Darius III., persischer König
336–330 v. Chr. S. 88
Demades, athenischer Redner, 2. Hälfte des
4. Jh.s v. Chr. S. 17, 29, 55, 56, 82, 83, 129, 131,
132, 133
Demetrios von Phaleron, athenischer
Politiker und Peripatetiker,
350–283 v. Chr. S. 22, 29, 40, 75, 89, 93, 115
Demochares, attischer Redner, Neffe des
Demosthenes, Mitte 4. bis Mitte 3. Jh. S. 57
Demokrates, attischer Redner aus Aphidnai,
4. Jh. v. Chr. S. 17, 56, 57, 69, 115
Demokrit, aus Abdera in Thrakien, materialistischer Philosoph, 470–380 v. Chr. S. 18,
30, 89
Demonax, kynischer Philosoph,
2. Jh. v. Chr. S. 69

Demosthenes, athenischer Redner,
384–322 v. Chr. S. 16, 17, 40, 52, 55, 57, 69, 82, 83, 93, 99, 100, 129, 130, 131, 132
Diogenes von Sinope, Begründer der Philosophie der Kyniker, 4. Jh. v. Chr. S. 15, 16, 28, 29, 38, 39, 40, 47, 68, 82, 88, 89, 98, 99, 105, 115, 128, 139, 145
Diokles von Karystos auf Euböa, griechischer Arzt, 4. Jh. v. Chr. S. 29
Dion, Schwager und Schwiegersohn Dionysios' I. von Syrakus, Freund Platons, gest. 354 v. Chr. S. 104
Dionysios I. von Syrakus, Tyrann von Sizilien, 430–367 v. Chr. S. 12, 13, 29, 66, 70, 80, 83, 86, 104, 105, 106
Empedokles von Agrigent, Naturphilosoph, 483–423 v. Chr. S. 116
Epaminondas, Feldherr von Theben, 5./4. Jh. v. Chr. S. 18, 57, 76, 101
Ephialtes, athenischer Staatsmann, Führer der Demokraten, 5. Jh. v. Chr. S. 47
Epikur, Philosoph, Begründer der epikureischen Schule in Athen, 341–270 v. Chr. S. 76, 94
Erasistratos von Keos, Arzt in Alexandria, 3. Jh. v. Chr. S. 69, 101, 116, 133

Eratosthenes von Kyrene, Geograph und Philologe, Leiter der königlichen Bibliothek in Alexandria, 3. Jh. v. Chr. S. 41
Euklid, griechischer Mathematiker und Philosoph in Alexandria, um 300 v. Chr. S. 75, 116
Eukrates Korydos, Parasit aus Athen, 4. Jh. v. Chr. S. 83
Eumenes II., König von Pergamon, 221–159 v. Chr. S. 57
Eumonidas der Thebaner, sonst unbekannt S. 101
Euridike, Mutter Philipps II. von Makedonien, 4. Jh. v. Chr. S. 62
Euripides, in Athen lebender Tragödiendichter, 480–406 v. Chr. S. 40, 43, 47, 69, 75, 80, 100, 116, 133, 138, 145
Euxitheos der Athener, Redner 4. Jh. v. Chr.(?) S. 133
Glykon, identisch mit Lykon, s. u. S. 28, 88
Gorgias, in Athen tätiger Redner und Philosoph, 480–380 v. Chr. S. 28, 128
Hegesias, Redner und Historiker aus Magnesia am Sipylos, 4./3. Jh. v. Chr. S. 89, 133, 145
Hephaistion, Freund und Feldherr Alexanders des Großen, gest. 324 v. Chr. S. 81
Heraklit, griechischer Naturphilosoph aus Ephesos, um 500 v. Chr. S. 30, 76, 93, 117, 134

Herodot, griechischer Historiker aus Halikarnassos, 485–425 v. Chr. S. 90
Hypereides, athenischer Redner, 390–322 v. Chr. S. 140
Ibykos, Liederdichter aus Rhegion in Süditalien, Mitte des 6. Jh.s v. Chr. S. 103
Iolaos, Mundschenk Alexanders des Großen, 4. Jh. v. Chr. S. 15
Isokrates, athenischer Redner, 436–338 v. Chr. S. 31, 117, 135, 136
Kallisthenes, Historiker aus Olynth, 2. Hälfte des 4. Jh.s v. Chr. S. 26, 32, 136
Kleandros, attischer Redner, 4. Jh. v. Chr. S. 130
Kleanthes, stoischer Philosoph aus Assos in der Troas, 304–233 v. Chr. S. 136
Klearchos, spartanischer Heerführer, 450–400 v. Chr. S. 63
Kleisophos, Parasit Philipps II. von Makedonien, Mitte des 4. Jh.s S. 137
Kleobul von Lindos, einer der Sieben Weisen, um 600 v. Chr. S. 48
Kleon aus Kyzikos, ein Schwätzer, Zeitgenosse des Isokrates (436–338 v. Chr.) S. 136
Kleostratos, sonst unbekannter Freund des Weines S. 137

Konon, attischer Feldherr,
ca. 444–392 v. Chr. S. 137
Kotys, König der Thraker,
383–360 v. Chr. S. 103
Krates von Theben, kynischer Philosoph,
4. Jh. v. Chr. S. 19, 84, 103, 118, 137
Kroisos, lydischer König, 6. Jh. v. Chr. S. 15, 49, 89
Kyros II. der Große, Begründer des persischen Weltreiches, gestorben 529 v. Chr. S. 58, 70, 84
Lamon, richtig wohl: Lakon, d. h. ein Lakonier S. 138
Leonidas, spartanischer König
488–480 v. Chr. S. 58, 59
Lykon, peripatetischer Philosoph,
268–228 v. Chr. S. 84
Lykurg, sagenhafter Begründer der spartanischen Verfassung, 8. Jh. v. Chr. (?)
S. 19, 56, 109
Lysimachos, König von Thrakien und Makedonien 305 bzw. 286 bis 281 v. Chr.
S. 70
Lysipp, Bronzegießer aus Sikyon,
4. Jh. v. Chr. S. 60, 104
Menander, Komödiendichter aus Athen,
342–291 v. Chr. S. 104, 138

Menedemos aus Eretria, Philosoph, 350–278 v. Chr. S. 118
Metrodoros von Lampsakos, epikureischer Philosoph, 331–278 v. Chr. S. 94, 118, 138
Nikokles, König von Salamis auf Cypern, 374–354 v. Chr. S. 104
Nikomachos, Sohn des Aristoteles, 4. Jh. v. Chr. S. 18
Oinopides von Chios, Astronom, Physiker, Geometer, 450–400 v. Chr. S. 118
Olympias, Mutter Alexanders des Großen, Tochter des Königs Neoptolemos, gestorben 316 v. Chr. S. 37, 142
Orion, epikureischer Philosoph, gestorben vor 70 v. Chr. S. 33, 123
Periander, Tyrann von Korinth, um 600 v. Chr., einer der Sieben Weisen S. 61, 120
Perikles, athenischer Politiker, um 490–429 v. Chr. S. 61, 120
Persinos, Dichter aus Milet, um 360 v. Chr. S. 94
Pharnabazos, persischer Satrap, um 400 v. Chr. S. 52
Philipp II., König von Makedonien, 359–336 v. Chr. S. 27, 33, 54, 56, 62, 63, 69, 78, 89, 108, 115, 123, 131, 137, 140

Philoxenos, Makedone, 333 v. Chr. zum Verwalter Kriegskasse Alexanders des Großen ernannt S. 102, 108, 109
Phokion, promakedonischer, attischer Politiker 402/1–318 v. Chr. S. 46
Phryne, Hetäre, 4. Jh. v. Chr. S. 142
Pittakos, Staatsmann in Mytilene auf Lesbos, um 600 v. Chr., zu den Sieben Weisen gerechnet S. 95, 120
Platon, athenischer Philosoph, Schüler des Sokrates, 427–347 v. Chr. S. 13, 19, 20, 29, 32, 33, 42, 48, 60, 61, 70, 80, 104, 105, 112, 113, 119, 120, 138, 139
Polykrates, Tyrann von Samos 538–522 v. Chr. S. 14
Polyxenos, Dialektiker, 4. Jh. v. Chr. S. 128
Protagoras, Sophist aus Abdera, 5. Jh. v. Chr. S. 33, 105
Psittakos, unbekannter Philosoph S. 78, 141
Pylades aus Messenien, sonst unbekannt S. 105
Pyrrhos, König der Molosser in Epeiros, 319–272 v. Chr. S. 61, 77
Pythagoras, Philosoph aus Samos, Ende 6. Jh. v. Chr. S. 20, 48, 95, 121, 139
Pytheas, attischer Redner und Politiker, 4. Jh. v. Chr. S. 57

Simonides, griechischer Dichter von der Insel Keos, 556–468 v. Chr. S. 42, 71, 90, 95, 140
Sokrates, athenischer Philosoph, 469–399 v. Chr. S. 20, 21, 24, 33, 42, 48, 52, 61, 71, 77, 84, 85, 95, 96, 105, 121, 122, 139, 140
Solon, athenischer Staatsmann, 640–560 v. Chr. S. 42, 49, 61, 62, 85, 122, 128
Sophokles, athenischer Tragödiendichter, 496–406 v. Chr. S. 43, 100, 138
Sosigenes, griechischer Astronom aus Alexandria, 1. Jh. v. Chr. S. 140
Stesichoros der Jüngere, Dichter, um 400 v. Chr. S. 106
Stilpon, Philosoph der megarischen Schule, etwa 380–300 v. Chr. S. 22, 106
Stratonikos, athenischer Kitharist und Humorist des 4. Jh.s v. Chr. S. 71, 77, 85, 106, 107, 108, 140
Thales, ionischer Naturphilosoph, um 600 v. Chr. S. 41, 76, 83, 93, 134
Theano, erfundene Person, angeblich Frau des Pythagoras und Verfasserin mehrerer pythagoreischer Schriften S. 142
Thearidas, unbekannter Lakonier S. 135
Theodektes, in Athen lebender Rhetor und Tragiker, 4. Jh. v. Chr. S. 47, 102

Theodoros aus Kyrene, Mathematiker,
5. Jh. v. Chr. S. 70
Theokrit von Chios, griechischer Sophist und Politiker, 4. Jh. v. Chr. S. 18, 76, 77, 94, 101, 102, 117, 146
Theophrast aus Lesbos, peripatetischer Philosoph, um 370–287 v. Chr. S. 18, 26, 30, 31, 41, 57, 58, 76, 84, 117, 134, 135
Timon, Athener, legendärer Misanthrop,
5. Jh. v. Chr. S. 108, 122
Timotheos, Dithyrambenschreiber und Kitharöde aus Milet, etwa 450–360 v. Chr. S. 62
Xanthippe, Frau des Sokrates S. 71, 85, 96, 121
Xenokrates von Karthago, Philosoph, Leiter der platonischen Akademie 339–314 v. Chr. S. 19, 60, 70, 119
Xenophon, Schüler des Sokrates,
430–355 v. Chr. S. 32, 60, 70, 104
Zaleukos, Gesetzgeber der Lokrer,
um 663 v. Chr. S. 47
Zenon von Kition auf Cypern, Begründer der stoischen Philosophenschule in Athen, 355–262 v. Chr. S. 18, 30, 41, 47, 69, 93, 103, 116, 133, 136

Konkordanz

Die folgenden Nummern beziehen sich auf die Ausgabe von Sternbach, die Seiten auf das vorliegende Buch.

Nr.	Seite	Nr.	Seite	Nr.	Seite
1	24	19	36	37	36
2	80	20	144	38	126
3	24	21	66	39	13
4	24	22	145	40	13
5	66	23	113	41	80
6	12	24	12	42	25
7	112	25	24	43	52
8	52	26	36	44	25
9	36	27	36	45	26
10	144	28	145	46	66
11	24	29	12	47	13
12	112	30	113	48	37
13	112	31	12	49	26
14	144	32	74	50	26
15	144	33	25	51	145
16	144	34	25	52	26
17	112	35	12	53	74
18	92	36	13	54	126

Nr.	Seite	Nr.	Seite	Nr.	Seite
55	26	86	46	117	67
56	26	87	27	118	67
57	14	88	15	119	68
58	92	89	54	120	15
59	27	90	15	121	55
60	113	91	15	122	127
61	66	92	54	123	114
62	52	93	38	124	38
63	126	94	80	125	114
64	66	95	98	126	92
65	80	96	98	127	55
66	52	97	88	128	68
67	27	98	54	129	74
68	14	99	88	130	68
69	53	100	81	131	127
70	53	101	92	132	46
71	74	102	113	133	114
72	14	103	46	134	127
73	53	104	98	135	38
74	113	105	55	136	128
75	37	106	126	137	46
76	37	107	74	138	92
77	53	108	67	139	15
78	27	109	126	140	114
79	92	110	127	141	81
80	37	111	127	142	81
81	14	112	67	143	68
82	53	113	81	144	81
83	37	114	114	145	92
84	54	115	67	146	27
85	14	116	67	147	114

Nr.	Seite	Nr.	Seite	Nr.	Seite
148	75	179	38	209	55
149	75	180	16	210	130
150	46	181	89	211	55
151	128	182	16	212	40
152	98	183	89	213	17
153	88	184	38	214	100
154	88	185	16	215	130
155	88	186	128	216	100
156	114	187	47	217	130
157	28	188	115	218	130
158	38	189	82	219	130
159	28	190	39	220	130
160	68	191	145	221	93
161	15	192	39	222	131
162	28	193	39	223	17
163	68	194	129	224	82
164	28	195	115	225	131
165	88	196	39	226	100
166	28	197	40	227	131
167	128	198	29	228	131
168	98	199	99	229	55
169	16	200	69	230	131
170	98	200a	69	231	69
171	82	201	89	232	17
172	16	202	115	233	56
173	99	203	129	234	82
174	28	204	100	235	56
175	99	205	129	236	56
176	82	206	129	237	131
177	99	207	129	238	132
178	99	208	129	239	56

Nr.	Seite	Nr.	Seite	Nr.	Seite
240	132	271	145	302	30
241	132	272	40	303	69
242	17	273	47	304	93
243	132	274	41	305	47
244	29	275	100	306	117
245	83	276	75	307	146
246	132	277	75	307a	89
247	133	278	116	308	133
248	69	279	18	309	90
249	115	280	76	310	30
250	17	281	57	311	117
251	57	282	101	312	76
252	57	283	116	313	134
253	115	284	101	314	30
254	75	285	47	315	93
255	29	286	133	316	76
256	89	287	101	317	83
257	40	288	116	318	83
258	40	289	133	319	41
259	93	290	69	320	93
260	93	291	41	321	134
261	29	292	83	322	58
262	83	293	57	323	76
263	57	294	76	324	58
264	29	295	133	325	134
265	18	296	47	326	134
266	89	297	30	327	135
267	30	298	18	328	41
268	69	299	30	329	117
269	116	300	41	330	18
270	133	301	116	331	41

Nr.	Seite	Nr.	Seite	Nr.	Seite
332	84	363	118	394	59
333	30	364	31	395	138
334	135	365	31	396	59
335	58	366	103	397	59
336	31	367	136	398	60
337	135	368	32	399	60
338	135	369	136	400	104
339	94	370	48	401	19
340	101	371	137	402	138
341	102	372	137	403	84
342	102	373	137	404	138
343	117	374	103	405	104
344	94	375	19	406	138
345	146	376	84	407	118
346	102	377	70	408	94
347	76	378	70	409	138
348	102	379	58	410	118
349	102	380	118	411	104
350	18	381	84	412	104
351	76	382	137	413	104
352	70	383	137	414	32
353	102	384	103	415	70
354	48	385	103	416	60
355	31	386	118	417	60
356	31	387	19	418	70
357	135	388	58	419	19
358	135	389	58	420	118
359	136	390	59	421	42
360	136	391	59	422	119
361	117	392	59	423	119
362	136	393	32	424	48

Nr.	Seite	Nr.	Seite	Nr.	Seite
425	19	456	95	487	71
426	32	457	120	488	122
427	60	458	120	489	140
428	20	459	139	490	122
429	119	460	48	491	85
430	32	461	95	492	85
431	42	462	20	493	21
432	48	463	20	494	106
433	119	464	121	495	21
434	20	465	105	496	33
435	119	466	61	497	21
436	119	467	77	498	21
437	138	468	105	499	122
438	139	469	33	500	42
439	32	470	95	501	62
440	105	471	48	502	122
441	139	472	61	503	62
442	139	473	20	504	85
443	61	474	77	505	62
444	33	475	121	506	62
445	105	476	95	507	62
446	70	477	20	508	49
447	139	478	71	509	42
448	120	479	121	510	95
449	33	480	84	511	90
450	120	481	42	512	71
451	61	482	139	513	43
452	61	483	121	514	140
453	120	484	33	515	22
454	94	485	139	516	106
455	120	486	122	517	43

Nr.	Seite	Nr.	Seite	Nr.	Seite
518	43	539	78	559	63
519	106	540	141	560	78
520	140	541	108	561	141
521	106	542	108	562	123
522	106	543	63	563	33
523	107	544	123	564	86
524	107	545	63	565	78
525	107	546	33	566	141
526	107	547	108	567	141
527	78	548	109	568	123
528	71	549	90	569	71
529	85	550	95	570	141
530	107	551	49	571	86
531	108	552	96	572	63
532	71	553	78	573	96
533	140	554	96	574	142
534	146	555	63	575	96
535	108	556	63	576	142
536	122	557	49	577	142
537	62	558	141		
538	140	558a	109		